Volker Gelfarth

DIE BESTEN ANLAGE-STRATEGIEN DER WELT

Volker Gelfarth

Die besten Anlage-Strategien der Welt

Investieren wie Buffett, Lynch, Graham & Co.

Bibliografische Information der Deutschen Bibliothek:
Die Deutsche Bibliothek verzeichnet diese Publikation in der
Deutschen Nationalbibliografie; detaillierte bibliografische Daten
sind im Internet über **http://dnb.ddb.de** abrufbar.

Inhalt: Gelfarth & Dröge Research; Volker Gelfarth (verantwortlich)
Mitarbeit: Andreas Dröge, Dieter Jaworski, Jörg Marquart, Dimitrios Patsavas,
Gertraud Pourheidari
Covergestaltung: Judith Wittmann
Gesamtbearbeitung: Druckerei Joh. Walch, Augsburg
Lektorat: Dr. Renate Oettinger
Druck: Druckerei Joh. Walch, Augsburg

Lizenzausgabe mit freundlicher Genehmigung durch den
Verlag für die Deutsche Wirtschaft

1. Auflage 2005
© 2005 der Lizenzausgabe:
FinanzBuch Verlag GmbH
Frundsbergstraße 23
80634 München
Tel. 089 651285-0
Fax 089 652096
info@finanzbuchverlag.de

Für Fragen und Anregungen:
Gelfarth@finanzbuchverlag.de

ISBN 3-89879-123-8

Weitere Infos zum Thema

www.finanzbuchverlag.de

Inhalt

Einleitung

Sicherlich haben Sie sich auch schon gefragt: „Was sind eigentlich die besten Anlage-Strategien der Welt, welche Menschen sind die besten – und somit auch reichsten – Investoren der Welt?" Und noch viel wichtiger: „Kann auch ich diese Strategien für mich nutzen?"

Die Antwort ist eindeutig: Ja, machen Sie es wie die erfolgreichsten Investoren. Beginnen Sie zunächst damit, erprobte Strategien zu „kopieren". Wenn Sie es von den Strategien gelernt haben, können Sie Ihre Kreativität ins Spiel bringen und einen eigenen Stil entwickeln.

In diesem Buch erfahren Sie alles über die Methoden der weltbesten Investoren, um zu Ihrer persönlichen Investment-Strategie zu finden. Sie müssen das Rad nicht neu erfinden, sondern können sich an den Grundsätzen und Methoden dieser Investoren orientieren. In meinem Anlage-Dienst „Strategisches Investieren" wende ich die harten Auswahlkriterien dieser Strategien konsequent für Sie an. So kann ich Ihnen bestens abgesicherte Kauf- und Verkaufsempfehlungen geben, die einzig und allein Ihrem dauerhaften Depot-Wachstum und dem Schutz Ihres Vermögens dienen.

Lassen Sie sich nicht von den marktschreierischen Thesen der Medien beeinflussen. Das Börsenfernsehen ist zwar unterhaltend, hat aber nichts mit strategischem Investieren gemeinsam. Börsenfernsehen und viele Börsenzeitschriften sind Entertainment, mehr nicht. Richten Sie nie Ihre Anlage-Entscheidungen nach diesen aus. Das wäre der sichere Weg in die Armut.

Eine erfolgreiche Börsenlaufbahn setzt voraus, dass Sie überlegt und konsequent handeln. Die Bewegung der Aktienkurse und Indizes ist das eine. Ihre Reaktion darauf – Gelassenheit, Gier oder Angst – ist das andere. Entscheidend aber ist nur, dass Sie eine exzellente Strategie verfolgen und ihr auch in schwierigen Zeiten treu bleiben.

Benjamin Graham, der Lehrmeister von Warren Buffett, dem weltweit erfolgreichsten Investor, hat dies in einem Rat an die Anleger auf den Punkt gebracht:

„Ich würde Ihnen raten, die Geschichte der Börse zu studieren, ihre eigenen Fähigkeiten zu analysieren und zu versuchen, eine Anlagemethode zu finden, von der Sie glauben, dass sie in Ihrem Fall die richtige sein könnte. Und wenn Sie das getan haben, dann sollten Sie diese Methode ohne Rücksicht auf das, was andere Leute tun, denken oder sagen, weiterverfolgen ..."

Die größten Investoren unserer Zeit erzielten in der Vergangenheit durchschnittliche Renditen von über 25% pro Jahr. Vielleicht sind Sie ein wenig verwundert, dass die weltbesten Investoren „nur" 25% Wertzuwachs pro Jahr erreichen konnten.

Bedenken Sie dabei aber: Diese Investoren erzielten ihren Wertzuwachs kontinuierlich und über einen sehr langen Zeitraum. Und: Sie sind ihrem Anlagestil treu geblieben – auch in schwierigen Zeiten. Bedenken Sie auch, dass mit konsequenter Strategie-Verfolgung Renditen von 15% bis 20% p.a. erreicht und auf lange Sicht durch die Macht des Zinseszinses hohe Vermögen gebildet werden können. So ist z.B. ein Anleger, der monatlich nur 250 € auf die Seite legt und mit seiner Anlage-Strategie 17% p.a. Rendite erzielt, nach 30 Jahren 2,1facher Euro-Millionär.

Offizielle Micropal-Studien belegen, dass nur 14% von 57 weltweit anlegenden Fonds besser waren als ihr Index, von 44 Europa-Fonds schlugen nur 11% ihre Benchmark, d.h. 89% schnitten schlechter ab! Den Index schlagen Sie auf lange Sicht nur mit Hilfe von zeitlosen und in der Praxis bewährten Strategien, die ich Ihnen hier vorstelle.

Die erfolgreichsten Anlage-Strategien weltweit habe ich für Sie in übersichtlicher Form aufbereitet. An vielen Stellen ist das Buch mit den Weisheiten der größten Investoren bereichert.

Entscheiden Sie sich für eine Strategie oder kombinieren Sie mehrere Strategien miteinander:

Wert-Zuwachs-Strategie
Investieren in Top-Qualität zum günstigen Preis

Mit dem Value-Ansatz haben ich und meine Mitarbeiter eine Methode entwickelt, Qualitätswerte mit einem erheblichen Rabatt zum wahren Wert zu kaufen. Diese Methodik wird Ihnen helfen, Ihre Investitionsentscheidung strategisch, realistisch und vorausschauend zu treffen.

Small-Cap-Strategie
Investieren in kleine, wachstumsstarke
und fundamental gesunde Unternehmen

Es gibt wachstumsstarke kleine Unternehmen mit Erfolg versprechenden Zukunftsaussichten und soliden Finanzen. In unserem Fokus stehen auch Unternehmen mit einem etablierten Geschäftsmodell, die noch nicht von der breiten Masse entdeckt worden sind.

Dividenden-Strategien
Investieren nach Graham, O'Higgins und Sheard

Die Dividenden-Strategien sind einfache, mechanische und risikoarme Value-Strategien, die sich bestens für konservative Investoren eignen.

Cornerstone-Growth-Strategie
Investieren mit den Kennzahlen von O'Shaughnessy

James O'Shaughnessy untersuchte erstmals empirisch, welche Strategien an der Börse auf lange Sicht wirklich zum Erfolg führen.

Fortgeschrittene Strategien
Investieren in verschiedene Vermögensklassen
und Absicherungs-Strategien

Lernen Sie das Konzept der Asset Allocation (Aufteilung des Vermögens auf verschiedene Vermögensklassen) anhand praktischer Beispiele von Peter Lynch und Warren Buffett kennen. Lernen Sie zudem auch fortgeschrittene Methoden zur Absicherung Ihres Wertpapierportfolios.

Die für die Umsetzung der hier vorgestellten Anlage-Strategien notwendigen Informationen, Daten und Kennziffern zu einzelnen Unternehmen finden Sie in den ausführlichen Unternehmens-Analysen der „Aktien-Analyse".

Ich wünsche Ihnen Gewinn bringende Investitionen.

Volker Gelfarth
Chefanalyst der „Aktien-Analyse"

9

1 Die Wertzuwachs-Strategie

Investieren in Top-Qualität zum günstigen Preis

„Fragen Sie nicht nach dem Preis, den Sie für ein Unternehmen zahlen, sondern nach dem Wert, den Sie für Ihr Geld bekommen."

Warren Buffett

Dieser Satz beschreibt sehr gut, worauf es bei der Wert-Zuwachs-Strategie (Value-Investment) ankommt. Wie in fast allen Bereichen des täglichen Lebens möchten wir auch beim Aktienkauf möglichst hohe Qualität zu einem günstigen Preis erhalten.

Mit dem Value-Ansatz haben wir eine Methode entwickelt, Top-Qualitätswerte mit einem erheblichen Rabatt zum wahren Wert zu kaufen. Schritt für Schritt gehen wir mit Ihnen durch den systematischen Ansatz. Diese Methodik wird Ihnen helfen, Ihre Investitionsentscheidung strategisch, realistisch und vorausschauend zu treffen, vollkommen frei von der teilweise widersprüchlichen und verwirrenden Informationsflut, der Sie heute ausgesetzt sind. Der Weitblick Ihrer Entscheidungen soll Sie auch in krisengeschüttelten Zeiten noch ruhig schlafen lassen.

Viele Anleger fragen sich, mit welcher Strategie in den letzten 10 Jahren die besten Resultate erzielt werden konnten. Der folgende Vergleich zwischen Dow Jones, Nasdaq und Berkshire Hathaway (stellvertretend für wertorientiertes Investment) zeigt eindrucksvoll, wie auch während dieser Phase – in Zeiten der Computer- und Interneteuphorie und auch während der Baisse – die beste Rendite erzielt werden konnte.

❏ Dow-Jones-Index

Der Dow-Jones-Index umfasst die 30 größten amerikanischen Aktiengesellschaften. Der Dow-Jones-Index steht für solide Unternehmen oder die „Old Economy". In der Internet- und Neuer-Markt-Euphorie der 1990er-Jahre konnte fast jeder Anleger an steigenden Kursen teilhaben.

Viele Anleger machten dabei die Börse zum Casino und Aktien zu Casino-Chips. Sie kauften Unternehmen, von denen sie teilweise nicht einmal wussten, wie deren Name geschrieben wird, geschweige denn, was sie herstellen. Heute sind die schnellen Kursgewinne wieder verloren gegangen, und die Anleger besinnen sich wieder auf die fundamentalen Werte – auf Value.

❏ Nasdaq

Im Nasdaq-Index sind die größten amerikanischen Technologieunternehmen gelistet. In unserer Gegenüberstellung steht der Nasdaq stellvertretend für die „New Economy".

❏ Berkshire Hathaway

Berkshire Hathaway (BRKa) ist die Beteiligungsgesellschaft von Warren Buffett, die stellvertretend für das Value-Investment steht.

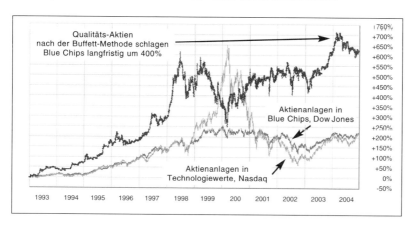

Der Dow Jones verläuft, insgesamt betrachtet, relativ stabil. Seit 1993 konnten Sie mit Werten aus dem Dow-Jones-Index (durchschnittlich) Ihr eingesetztes Kapital um ca. 200% vermehren.

Den Performance-Vorsprung, den sich der Nasdaq-Index bis März 2000 „erarbeiten" konnte, ging mit dem Platzen der Technologieblase vollständig verloren. Mit Nasdaq-Titeln hätten Sie Ihr Kapital im Durchschnitt verdoppelt. Eine Investition in BRKa hätte Ihnen eine Rendite von über 600% gebracht. Diese Performance schlägt alle Vergleichsindizes.

Lediglich im Jahre 1999 musste BRKa einen „Rückschlag" hinnehmen. In der Zeit der Internet-Euphorie konnte der Nasdaq-Index vorübergehend die Aktie von Buffett überholen. Heute ist Buffett wieder unangefochten an erster Stelle. Dies ist nur ein Vergleich über rund 10 Jahre. Eine Betrachtung über einen längeren Zeitraum zeigt noch krassere Gegensätze.

Bedeutung der Fundamental-Analyse

Die fundamentale Aktien-Analyse ist gefragter denn je – vor allem in einem schwierigen Börsenumfeld. Die Popularität schwankt mit den Aktienkursen. Bei steigenden Kursen werden die fundamentalen Daten oftmals vernachlässigt, aber behalten trotzdem ihre Gültigkeit bei. Bei fallenden Kursen studieren die Analysten die fundamentalanalytisch orientierten Methoden der großen Investoren umso intensiver. Die erfolgreichsten Investoren waren, sind und werden auch in Zukunft wertorientierte Investoren sein.

„Machen Sie es sich nicht unnötig schwer: Die Grundgedanken des Wertinvestments scheinen mir so einfach und nahe liegend. Es kommt mir wie eine Verschwendung vor, zu studieren und einen Doktortitel in Wirtschaftswissenschaften zu machen. Es ist ein bisschen so, als würde man acht Jahre lang das Priesterseminar besuchen und dann erfahren, dass die Zehn Gebote alles sind, was zählt."

Warren Buffett, 1993 in Fortune

1.1   Grundsätze des Investierens

1.1.1   Kauf eines Unternehmens

Als Investor kaufen Sie einen Teil des Unternehmens. Sie erwerben nicht „irgendein Stück Papier", sondern werden zum Gesellschafter und Miteigentümer. Daher muss stets die fundamentale Unternehmens-Analyse im Vordergrund stehen.

Sie sollten sich entsprechend mit dem Unternehmen auseinander setzen. Fordern Sie die Geschäftsberichte an, vergleichen Sie mit Konkurrenten etc.

Bevorzugen Sie Unternehmen, die einfach zu durchschauen sind. Das Management soll nichts zu verbergen haben. Auch für den normalen Investor soll der Geschäftsverlauf nachvollziehbar sein. Wenn das Management weiß, dass seine Handlungen sehr transparent sind, spornt dies ungemein zu guten Managementleistungen an.

Denken Sie also vor dem Erwerb Ihrer Aktien unternehmerisch und schauen Sie zunächst vor allem auf das Unternehmen, nicht so sehr auf den Kurs. Überlegen Sie sich gut, welche Eigenschaften „Ihre" Gesellschaft haben sollte. Stellen Sie sich dabei vor, Sie würden das gesamte Unternehmen kaufen.

Der Wert Ihrer Aktien wird langfristig immer durch die Gewinne des Unternehmens bestimmt! Steigen langfristig die Gewinne, werden auch Ihre Aktien steigen, sinken die Gewinne, werden Ihre Aktien fallen.

1.1.2 Kursrückschläge

„Kaufen Sie hervorragende Unternehmen mit vorrübergehenden Problemen."

Wenn Sie bei einem Kursrückgang in Panik geraten, dann sollten Sie nicht in Aktien investieren. Aktien unterliegen zum Teil erheblichen Schwankungen. Wenn Sie jedoch den Kauf Ihrer Aktien gut überlegt haben und dabei die Auffassung vertreten, ein unterbewertetes Unternehmen gefunden zu haben, dann sollten Sie einen vorübergehenden Kursverfall von Top-Aktien – nicht von schlechten Aktien! – zu Käufen bzw. Nachkäufen nutzen.

Sie haben dann die Gelegenheit, Ihre Bestände zu „verbilligen". Kursrückschläge können Sie begrüßen, um Ihre Aktien preiswert hinzuzukaufen.

Buffett beschrieb dies einmal in Form einer Quizfrage:

„Ein kleines Quiz: Wenn Sie Ihr ganzes Leben lang Hamburger essen wollen und kein Viehzüchter sind, sollten Sie sich höhere oder niedrigere Preise für Rindfleisch wünschen? Ebenso: Wenn Sie sich von Zeit zu Zeit ein Auto kaufen wollen und kein Automobilhersteller sind, sollten Sie dann höhere oder niedrigere Autopreise vorziehen? Diese Fragen beantworten sich natürlich selbst.

Jetzt aber das Abschlussexamen: Wenn Sie erwarten, in den nächsten fünf Jahren netto zu sparen, sollten Sie dann für diesen Zeitraum einen höheren oder niedrigeren Aktienmarkt erhoffen? Viele Anleger geben hier die falsche Antwort. Obwohl sie netto gesehen auf viele Jahre hinaus Aktien kaufen werden, sind sie begeistert, wenn die Aktienkurse steigen, und deprimiert, wenn sie fallen. Sie freuen sich tatsächlich, weil die Preise der „Hamburger" gestiegen sind, die sie bald kaufen werden. Diese Reaktion macht keinen Sinn. Nur wer in der nahen Zukunft Verkäufer von Aktien sein wird, wird sich freuen, wenn diese steigen. Künftige Käufer sollten dagegen sinkende Kurse vorziehen.

[...] Sie sollten sich daher freuen, wenn sich die Märkte abschwächen und sowohl uns als auch unseren Beteiligungsunternehmen erlauben, Geldmittel vorteilhafter einzusetzen [...] Lächeln Sie also, wenn Sie eine Schlagzeile lesen, die lautet: „Börse gibt nach: Investoren verlieren". Schreiben Sie die Schlagzeile in Gedanken so um: „Börse gibt nach: Spekulanten verlieren – aber Investoren gewinnen". Obwohl Journalisten diese Wahrheit oft vergessen, gibt es für jeden Verkäufer einen Käufer – und was den einen notwendigerweise schmerzt, nutzt dem anderen."

Als Investor müssen Sie Geduld mitbringen und in der Lage sein, gegebenenfalls Kursrückschläge auszusitzen. Dies ist allerdings leichter gesagt als getan. Mit dem hier vorgestellten Investment-Ansatz können wir zwar den „inneren Wert" einer Aktie ermitteln. Keiner kann aber vorhersagen, wann die Aktie genau zu ihrem inneren Wert tendieren wird.

Die Börse ist launisch und wird von vielen psychologischen Faktoren bestimmt. Spekulanten versuchen herauszufinden, was die anderen Marktteilnehmer denken. Als Investoren halten wir uns lieber an die Tatsachen und denken darüber nach, was die Unternehmen, in die wir investieren, eigentlich wert sind.

1.1.3 „Langweilige" Top-Unternehmen

Wert-Investoren wie Buffett investieren ausschließlich in Top-Unternehmen. Mit dieser „langweiligen" Methode schuf er das zweitgrößte Privatvermögen der USA. Sie bevorzugen einfache und überschaubare Unternehmen mit Massenprodukten, die jeder kennt, zum Beispiel Coca-Cola,

Gillette, McDonald's oder Walt Disney. Es handelt sich meistens um Marktführer der entsprechenden Branche. Je einfacher und bekannter die Produkte, desto besser.

Konzentrieren Sie sich auf das Wesentliche, denn wenn Sie zu viele Aktien in Ihrem Portfolio haben, können Sie die einzelnen Unternehmen nicht mehr genau genug verfolgen.

1.1.4 Einfache Entscheidungen

Gute Geschäfte beruhen auf einfachen Entscheidungen. Darin liegt die Kunst – und auch das Problem. Wenn Sie in ein Unternehmen investieren wollen, stellen Sie sich einfach die Frage: Ist diese Investition mit einem klaren „Ja" zu beantworten? Gibt es auch nicht den geringsten Zweifel?

Nur, wenn Sie dies bejahen können, investieren Sie. Wenn Sie sich nur schwer für ein Unternehmen entscheiden können, dann lassen Sie es unberücksichtigt und halten nach einem neuen Ausschau, bei dem Sie sich Ihrer Sache sicherer sind.

Systematisches und sicheres Investieren hat sehr viel mit einer Abwägung der Chancen und Risiken zu tun. Bedenken Sie bei der Wahl Ihrer Investment-Strategie bitte Folgendes: Selbst wenn es Ihnen gelingen sollte, mit einer risikoreichen Strategie ein sehr großes Vermögen aufzubauen, reicht oftmals ein nur einmaliges Scheitern, um wieder bei Null zu stehen. Die besten Investoren haben längerfristig bis zu 30% jährlich Rendite erwirtschaftet. Diese Investoren gehören heute zu den reichsten Menschen der Welt. Die Aktienmärkte, gemessen am deutschen Aktienindex DAX, dem amerikanischen Dow-Jones-Index oder dem japanischen NIKKEI-Index, haben in vergleichbaren Zeiträumen durchschnittlich „nur" 10 bis 13% p.a. zugelegt. Aber selbst diese Resultate schlagen nahezu alle anderen Kapitalanlageformen.

Langfristige Renditen großer Investoren		
Warren Buffett	1956–2004 Berkshire Hathaway	ca. 24%
Peter Lynch	1977–1990 Magellan-FondFund	ca. 27%
John Templeton	1954–1992 Templeton Growth Fund	ca. 14%

Bei der Methode, die wir hier vorstellen, beziehen wir uns vor allem auf Benjamin Graham und Warren Buffett sowie Peter Lynch – drei der größten Investoren aller Zeiten. Ihnen ist gemeinsam, dass sie stets auf das Unternehmen schauen und sich nicht um den Gesamtmarkt kümmern. Der Gesamtmarkt kann über- oder unterbewertet sein. Es lassen sich aber oft einzelne attraktive Investitionsmöglichkeiten finden.

1.1.5 Der Zinseszins

Man hat Ihnen als Kind sicherlich erklärt, dass Sie, wenn Sie 1 Cent besitzen und diesen in einem Jahr verdoppeln, 2 Cent haben.

Im 2. Jahr beginnen Sie nun mit 2 Cent, verdoppeln den Betrag und erhalten 4 Cent (bezogen auf das 1. Jahr ist das aber nun keine Verdopplung, sondern bereits eine Vervierfachung).

Wenn Sie diese Rechnung über einen Zeitraum von 27 Jahren fortsetzen – 0,01 – 0,02 – 0,04 – 0,08 – 0,16 – 0,32 – 0,64 – 1,28 – ... –, würde Ihr Anfangskapital von 0,01 € aus dem 1. Jahr auf 1,34 Mio € im 27. Jahr anwachsen.

Aus der nachfolgenden Tabelle ersehen Sie, auf welchen Wert 100.000 € nach 10, 20 und 30 Jahren unter Berücksichtigung der Zinseszinsen anwachsen, wenn der Betrag mit einer steuerfreien Verzinsung von 5, 10, 15 bzw. 20% angelegt wird.

	5%	10%	15%	20%
10 Jahre	162.889	259.374	404.555	619.173
20 Jahre	265.329	672.749	1.636.653	3.833.759
30 Jahre	432.194	1.744.940	6.621.177	23.737.631

Ist das nicht erstaunlich? Eine Differenz von nur 5 bis 10 Prozentpunkten zeigt gewaltige Auswirkungen auf Ihren Gesamtgewinn. Ihre 100.000 € wären nach Ablauf von 10 Jahren, bei einer steuerfreien Rendite von 10%, 259.374 € wert.

Erhöhen Sie die jährliche Rendite auf 20%, so wachsen die 100.000 € im Laufe von 10 Jahren auf steuerfreie 619.173 € an, nach 20 Jahren auf

3.833.759 €. Bei einer jährlichen steuerfreien Rendite von 20% würden aus den 100.000 € nach 30 Jahren 23.737.631 € – eine noch viel beeindruckendere Wertsteigerung.

Der Unterschied, den ein paar Prozentpunkte über einen langen Zeitraum hinweg bewirken können, ist bemerkenswert. Buffett strebt nach der höchstmöglichen durchschnittlichen Jahresrendite über einen möglichst langen Zeitraum hinweg.

Bei Berkshire Hathaway gelang es ihm, das zugrunde liegende Reinvermögen seines Unternehmens in den letzten 42 Jahren mit einer durchschnittlichen jährlichen Rendite (unter Berücksichtigung der Zinseszinsen) von 23,6% zu steigern. Diese Leistung ist phänomenal und bisher von keinem anderen Investor erreicht.

Der Zinseszinseffekt liefert einen Schlüssel zum Verständnis von Warren Buffetts Anlage-Strategie. Die Zinseszinsrechnung ist leicht und einfach zu verstehen, doch aus unerklärlichen Gründen wird ihr von der Anlage-Theorie viel zu wenig Bedeutung beigemessen. Warren Buffett misst dem Zinseszinseffekt den höchsten Stellenwert bei.

1.2   Die großen Investoren

1.2.1   Portrait Warren Buffett

Warren Edward Buffett, geb. 30. August 1930 in Omaha, Nebraska (USA), ist der wohl erfolgreichste Value-Investor aller Zeiten.

Der großväterliche, freundliche Milliardär

Warren Buffett ist der Großmeister aller Investoren. Während sein Lehrer Benjamin Graham eine sehr wechselhafte Geschichte hinter sich hatte, ist Buffett ein Musterbeispiel an Kontinuität.

Er lebt in Omaha, Nebraska, im „tiefsten Amerika" als zigfacher Dollarmilliardär noch in demselben Haus, das er in den 1950er-Jahren für 31.500 $ gekauft hat. Warren Buffett fährt sein einfaches Auto, trinkt Coca-Cola (wo er Hauptinvestor ist) und pflegt auch sonst den einfachen American Way of Life.

Warren Buffett, der großväterlich-freundliche Milliardär mit den buschi-gen Augenbrauen, ist der wohl erfolgreichste Investor aller Zeiten. Sein riesiges Vermögen hat jedoch seinen Lebensstil kaum verändert.

In der technisierten Welt von heute arbeitet er auch heute noch ganz ohne Computer. Er liest viel, vor allem Zeitungen und Geschäftsberichte.

Eine Erfolgsgeschichte: Coca-Cola, Golfbälle und Flipperautomaten

Schon als Sechsjähriger begann er, mit allerlei Dingen zu handeln. Er kaufte für 25 Cent ein Sixpack Coca-Cola und verkaufte sie für 5 Cent je Flasche weiter. Diese 20% Gewinn strebte er auch in seiner weiteren geschäftli-chen Karriere an. Später sollte seine Investment-Gesellschaft einen Anteil von etwa 8% an Coca-Cola halten.

Als Achtjähriger verschlang er Bücher über die Börse, schon mit 11 Jah-ren jobbte er bei dem Broker Harris Upham in Omaha.

„Ich las Millionen von Wörtern über dieses Thema, und sie waren im Grunde Mumbo Jumbo, Hokospokus."

Mit 11 Jahren kaufte er seine ersten Aktien.

Als Teenager ließ er von Klassenkameraden außerhalb der Golfplätze verirrte Bälle einsammeln, um sie danach an Golfer zurückzuverkaufen. Später gab er kurzzeitig eine Zeitschrift für Pferdewetten heraus, trug Zei-tungen aus und betrieb Flipperautomaten.

The Intelligent Investor – Der Stein der Weisen

Den Stein der Weisen entdeckte Buffett später als Student bei seinem Professor Benjamin Graham, der es zuvor an der Wall Street zu einer ge-wissen Bekanntheit gebracht hatte.

Graham, der an der New Yorker Columbia University lehrte, hatte eine neue Investmenttheorie entwickelt. Dem Modell zufolge verfügen Aktien über einen „inneren" Wert, der unabhängig vom gerade an der Börse no-tierten Kurs ist.

Anders als der Tageskurs eines Unternehmens, definiert sich der „innere" Wert" aus Kennziffern wie Umsatz, Wert der Anlagen und dem Cashflow.

Die Kunst der Investition bestehe nun darin, Aktien zu finden, die unter ihrem inneren Wert gehandelt werden, schrieb Graham 1949 in seinem Buch „*The Intelligent Investor*". Graham gilt als der Urvater aller Value-Investoren.

Erst, als er nach seinem ersten Studienabschluss auf „*The Intelligent Investor*" von Benjamin Graham stieß, hatte er seinen Value-Ansatz gefunden.

1950 ging er nach New York, um an der Columbia University bei Benjamin Graham seinen Master of Business Administration zu erwerben. 1952 heiratete Buffett in Omaha und begann als Value-Analyst in Grahams Investmentfirma.

Buffett Partnership Ltd.

1956 gründete er seine erste Investmentgesellschaft, die Buffett Partnership Ltd., eine Gesellschaft mit vier Familienmitgliedern und drei Freunden, die gemeinsam 105.000 $ aufbrachten. Buffett legte 100 $ hinzu, und so begann die Partnership mit genau 105.100 $. Einzige Bedingung war: Er musste keinerlei fortlaufende Rechenschaft darüber abgeben, wie das Geld angelegt wird. Lediglich einmal im Jahr gab er Auskunft – an diesem Prozedere hat sich bis heute nichts geändert. Als Buffett die Partnership 1969 auflöste, war sie 105 Mio $ wert.

1962 begann Buffett Berkshire-Hathaway-Aktien für die Buffett Partnership zu kaufen.

1965 übernahm er die Kontrolle über Berkshire, als die Gesellschaft einen Marktwert von ungefähr 18 Mio $ hatte. Er begann die ehemalige Textilfabrik zu einer Investment-Holding umzubauen.

Berkshire Hathaway

Schon während Buffett von 1956 bis 1969 seine Investmentfirma Buffett Partnership führte, begann er in die marode Textilfirma Berkshire Hathaway zu investieren, 1965 übernahm er die restlichen Anteile. Berkshire Hathaway wurde nun zur Kernzelle eines Imperiums: 1967 kaufte Buffett zwei Versicherungen, später den sechstgrößten amerikanischen Autoversicherer Geico.

Bis heute hat das Unternehmen rund 70 Firmen übernommen oder große Beteiligungen an ihnen erworben. Zu der Holding gehören u. a. 11% des Kreditkartenunternehmens American Express, 8% von Coca-Cola, 8,5% des Rasierklingenherstellers Gillette, 17% der Washington Post Company sowie Beteiligungen an Wells Fargo und Walt Disney.

Zweites Standbein neben den großen Kapitalbeteiligungen sind Übernahmen von mittelständischen Unternehmen. Die Zeitung „Buffalo News" gehört zu Buffetts Imperium ebenso wie ein Süßigkeitenhersteller, mehrere Möbelhäuser, die Schuhfirma Dexter, der Schmuck- und Diamantenhändler Borsheim's, Anteile am Flugzeugvermieter Executive Jet sowie 49% am Baseball-Team „The Omaha Golden Spikes".

1998 übernahm Berkshire Hathaway für 22 Mrd $ General Re, den viertgrößten Rückversicherer der Welt, zu dem auch die Kölnische Rückversicherung gehört. Zuvor hatte Buffett ca. 20% der weltweiten Silberproduktion – rund 4.000 Tonnen – gekauft und damit den Preis für das Metall kurzfristig in die Höhe getrieben. Insgesamt beschäftigen Buffetts Beteiligungsunternehmen rund 45.000 Mitarbeiter. In der Zentrale in Omaha arbeiten aber lediglich 12 Personen.

Der Anteil von Warren Buffett und seiner Frau Susan am Unternehmen beträgt ca. 40%. Sämtliche Entscheidungen über Aktienkäufe und Unternehmenserwerbungen werden von Buffett selbst getroffen – in Abstimmung mit seinem Stellvertreter, dem 7 Jahre älteren Charles Munger.

Heute ist Berkshire rund 130 Mrd $ wert. Mit seinem Anteil von 40% steht Buffett hinter seinem Freund Bill Gates auf Platz 2 der Forbes-Liste der reichsten Menschen der Welt. Dies erreichte er, obwohl er nie ein Produkt erfunden oder hergestellt hat. Sein Erfolg beruht allein auf seinen ausgesuchten Investitionen in Aktien nach dem Wert-Ansatz.

Mit einem Preis von rund 86.000 $ ist die Notierung von Berkshire Hathaway derzeit das teuerste Wertpapier an der Wall Street.

Vermögen mit Aktien

Warren Buffett hat auch viele andere Menschen reich gemacht.

Wer 1956 für 7,50 $ eine Aktie des Unternehmens kaufte, ist heute ein reicher Mensch. Einmal im Jahr hält sein Unternehmen, Berkshire Hathaway, eine Hauptversammlung in Omaha ab, die mittlerweile volksfestartige Züge angenommen hat. Die Provinzstadt am Missouri wird dann für drei Tage zum „Woodstock für Kapitalisten".

Anders jedoch als bei dem legendären Rockfestival bekommen die Pilger keine Musik zu hören, sondern Weisheiten von unterschiedlicher Qualität: *„Man muss nichts über Zinsen wissen, um viel Geld zu verdienen"*, oder *„Was das Jahr-2000-Problem für die Wall Street bedeutet? Keine Ahnung, aber es war vorhersehbar, zumindest seit 1985." „An welcher Firma wir in Japan interessiert waren? Ihr Name fängt mit einem Buchstaben zwischen A und Z an."*

Die Hauptversammlungen von Berkshire Hathaway sind anders als alle anderen Hauptversammlungen. Der offizielle Teil dauert nur wenige Minuten. *„Irgendwelche Fragen?"* – gibt Warren Buffett zu Protokoll.

Es schließt sich eine sechsstündige Fragestunde mit Warren Buffett, dem „Orakel von Omaha", an. Buffett beantwortet geduldig die Fragen.

Die Versammlung in Omaha ist eine Mischung aus Ernsthaftigkeit und Slapstick. Im Rampenlicht der Scheinwerfer orakelt Warren Buffett über die Märkte, während Charlie Munger mit seinen dicken Brillengläsern regungslos verharrt und dann ein *„Dem habe ich nichts hinzuzufügen"* oder *„Besser könnte ich es nicht sagen"* von sich gibt.

100 $ heute sind 50.000 $ in 30 Jahren

Buffetts Geiz ist legendär. Für ihn sind 100 $ eben keine 100 $ heute, sondern 50.000 $ in 30 Jahren. Buffett hat den Effekt des Zinseszinses schon früh erkannt – in einer Zeit, in der Kinder und Jugendliche anderen Dingen nachgehen.

Buffett ist ausschließlich durch solide Value-Investments zum zeitweilig reichsten Menschen (Forbes 1993) der Welt geworden.

Das faszinierende an Buffetts Erfolgsgeschichte ist, dass alles öffentlich geschieht. Seine Transaktionen werden in seinen Geschäftsberichten von ihm persönlich kommentiert und erklärt. Jeder Investor kann das Vorgehen von Buffett genau verfolgen und studieren. In seinen legendären *„Briefen an die Aktionäre"* bekommt der Leser die wesentlichen Dinge seines Value-Investmentstils vermittelt.

Buffett glaubt, dass man in seinem gesamten Leben nur die Aktien von 10 bis 12 guten Unternehmen kaufen und diese liegen lassen muss.

Er ist ein Gegner der zu großen Diversifikation, denn wenn man zu viele Aktien in seinem Portfolio hat, kann man die einzelnen Unternehmen nicht mehr genau genug verfolgen.

Buffetts Investitionsgrundsätze

❑ **Geringe Diversifikation**

„Konzentrieren Sie Ihre Investments. Wenn Sie über einen Harem mit 40 Frauen verfügen, lernen Sie keine richtig kennen."

Beschränkung auf wenige Werte. Ein Investor sollte sich jeden Kauf so genau überlegen, als ob er in seinem ganzen Leben nur 10 bis 12 Aktienkäufe tätigen könnte.

❑ **Qualität zum günstigen Preis**

„Frage nicht nach dem Preis, den du für ein Unternehmen zahlst, sondern nach dem Wert, den du für dein Geld bekommst."

Entscheidender Faktor ist der Unterschied des „wahren" bzw. „inneren" Wertes eines Unternehmens zum an der Börse notierten Marktwert (Kurs). Oftmals liegt der „Markt" mit seiner Bewertung richtig – manchmal bieten sich jedoch Chancen, in dem der Markt zu Über- bzw. Untertreibungen neigt.

„Auch für hervorragende Unternehmen kann man zu viel bezahlen".

Ziel ist es, Top-Qualität mit einem erheblichen Abschlag zum inneren Wert zu kaufen, frei vom Aktienmarkt, von Politik, Konjunktur und Wirtschaft.

❑ **Gute langfristige Aussichten**

„Wenn ich eine Aktie einmal habe, gebe ich sie am liebsten nie wieder her."

Der langfristige Wert der Aktienbestände ist nur von dem wirtschaftlichen Fortschritt der Unternehmen bestimmt, nicht durch tägliche Marktnotierungen. Der Markt wird letztendlich die guten Zukunftsaussichten einer Gesellschaft akzeptieren.

❏ Geduld

„Eine Aktie, die man nicht 10 Jahre zu halten bereit ist, darf man auch nicht 10 Minuten besitzen."

Aktien sollten möglichst für immer behalten werden, es sei denn, die Unternehmenslage hat sich radikal geändert. Der Value-Investor nutzt schwache Zeiten, um nachzukaufen.

❏ Kauf eines Unternehmensanteils

„Wenn ich eine Aktie kaufe, stelle ich mir vor, ich würde ein ganzes Unternehmen kaufen, so als ob ich einfach den kleinen Laden an der Ecke kaufen würde."

Aktien sollten immer so gekauft werden, als ob ein ganzes Unternehmen gekauft wird, niemals ein bloßes Stück Papier.

❏ Investor statt Spekulant

Buffett verachtet die Spekulanten. Der Spekulant versucht, außergewöhnliche Unternehmen zu niedrigen Kursen zu kaufen; kurzfristige Marktbewegungen sind nicht vorhersehbar.

❏ Kursverfall

„Kaufen Sie hervorragende Unternehmen mit vorübergehenden Problemen."

Man sollte nicht im Aktienmarkt tätig sein, wenn man Teile seiner Aktienbestände nicht um 50% fallen sehen kann, ohne in Panik zu geraten. Ein vorübergehender Kursverfall von Top-Aktien sollte zu Käufen bzw. Nachkäufen genutzt werden, um die Bestände zu „verbilligen". Kursrückschläge sollten begrüßt werden, um Aktien preiswert hinzuzukaufen.

❑ **Einfache Entscheidungen**

„Investieren Sie nur in eine Aktie, deren Geschäft Sie auch verstehen."

Gute Geschäfte verlangen eine einfache Entscheidung, schwierige Geschäfte verlangen schwere Entscheidungen. Wenn die Entscheidung, ein Unternehmen zu kaufen, nicht einfach ist, wird es „fallen" gelassen.

„Man sollte in Unternehmen investieren, die selbst ein Vollidiot leiten könnte, denn eines Tages wird genau das passieren."

Die wichtigsten Buffett-Kriterien

❑ beständige, monopolähnliche Firmen

❑ gute Marktstellung, bekannter Markenname

❑ gute Wachstumsmöglichkeiten

❑ aktionärsfreundliches Management

❑ hohe Kapitalrendite

❑ geringe Verschuldung

❑ kontinuierliches Gewinnwachstum

❑ hohe Gewinnmargen

❑ hoher Free Cash Flow

1.2.2 Portrait Benjamin Graham

Buffett sagt über seinen eigenen Investmentstil:

„Ich bin 85% Benjamin Graham und zu 15% Fisher. Als ich Fisher traf, war ich von dem Mann genauso beeindruckt wie von seinen Ideen. Fisher war bescheiden, ähnlich wie Ben Graham, großzügig im Geist und ein außergewöhnlicher Lehrer. Obwohl Grahams und Fishers Anlagestrategie unterschiedlich ist, ist sie beim Investieren gleich."

Benjamin Graham (1894–1976) gilt als der Urvater der Wertpapieranalyse, insbesondere des Value-Investments. Er wird als der Papst der Finanzanalyse betrachtet. Seine Bücher sind Klassiker der Finanzliteratur. *„Intelligent Investieren"*, als Erstausgabe bereits 1949 erschienen, ist auch heute noch ein Bestseller. Graham machte erstmalig aus der Thematik der Geldanlage eine regelrechte Wissenschaft mit nachvollziehbaren Regeln.

Die Popularität Grahams, wie auch des Value-Investments, schwankt sehr stark mit den Aktienkursen. Bei steigenden Kursen werden Graham und sein Value-Ansatz oft vergessen, fallen sie, studieren die Analysten wieder seine Werke. Dies war auch in der jüngsten Börsenentwicklung wieder gut zu beobachten. Gerade seit dem Platzen der Technologieblase konzentrieren sich viele Investoren und Analysten nun wieder auf die wahren Werte, auf Value.

Benjamin Graham führte ein wechselvolles und schillerndes Leben. 1894 wurde er als Benjamin Grossbaum in London geboren. Die Familie wanderte aber bald nach New York aus und änderte während des Ersten Weltkrieges ihren Namen in Graham. Deutsche Namen waren zu dieser Zeit in den USA sehr unpopulär. Sein Vater starb, als Ben erst 9 Jahre alt war. Die Familie war nicht versorgt, und so musste Ben mit Gelegenheitsjobs seine Familie und später sein Studium finanzieren. Er verfügte über eine umfassende Bildung und sprach Latein, Portugiesisch und Griechisch. Privat liebte Graham den Tanz und gab einen großen Teil seines Geldes für die Unterrichtsstunden aus. Was seine Fangemeinde – meist konservative Anleger – bis heute irritiert, ist das Liebesleben ihres Lehrmeisters. Graham war dreimal geschieden und starb 1976 in Frankreich. Stabile Beziehungen fielen ihm sehr schwer. Eine bittere Erfahrung und Erkenntnis war, dass er trotz der 5 Kinder und 10 Enkelkinder niemals von ihnen um Rat gefragt wurde.

Der Börsencrash 1929

Als 20-Jähriger begann er seine Laufbahn an der Wall Street. Für einen Wochenlohn von 12 $ schrieb er die Kurse von Aktien und Anleihen mit Kreide auf eine Tafel. Danach begann er mit der Bilanzanalyse, was zu diesem Zeitpunkt noch unüblich war. Zunehmend drängten nun aber die Banken auf fundierte Unternehmensanalysen.

1926 gründete Graham seine eigene Investmentgesellschaft. Das ihm anvertraute Vermögen wuchs von 450.000 $ bis zum Jahre 1929 auf 2,5 Mio $ an. Zu dieser Zeit konnte es sich der junge Graham leisten, ein Angebot des damals legendären Investors Bernard Baruch auszuschlagen.

Aber auch Graham wurde von dem Börsencrash 1929 erwischt und ruiniert. Trotzdem – oder gerade deshalb – bewies er mit einem konservativen Ansatz, dass sorgfältig ausgewählte Aktien besser sind als Anleihen.

Zu Beginn der großen Weltwirtschaftskrise fiel 1929 der Dow-Jones-Index um 15%. Als sich die Kurse Anfang 1930 wieder erholten, setzte Graham zu 100% auf Aktien – der größte Fehler seiner Karriere. Bis Ende 1930 sackte der Dow Jones um weitere 30% ab. Grahams Investmentpool büßte ganze 50% ein, und sehr viele Anleger zogen ihr Geld ab. Erst Ende der 1930er-Jahre konnte er die Verluste wieder aufholen. Graham war zweimal in seinem Leben finanziell am Ende. Das war auch ein Grund für seine sicherheitsorientierte Strategie.

Grundlagen des Value Investing

Graham nutzte die schwere Zeit, um mit seinem ehemaligen Studenten David Dodd sein Hauptwerk *„Security Analysis"* zu schreiben. Das Werk erschien bereits 1934 und liefert auch heute noch viele wertvolle Einblicke. Graham ist der Begründer der modernen Fundamentalanalyse.

Graham beginnt sein Werk mit dem Zitat:

„Viele werden wieder aufstehen, die jetzt gefallen sind, und viele werden fallen, die in Ehren stehen."

Nach 4 Jahren Arbeit erschien das Werk inmitten der größten Depression und einer Kursflaute an der Börse. Damals lautete die herrschende Meinung, dass nur Anleihen seriöse Investments seien. Aktien galten als reine Spekulation. Graham bewies, dass Aktien keine Casino-Chips sind, sondern einen inneren, wahren Wert haben.

Sein Musterschüler, Warren Buffett, gibt sein Buch „The Intelligent Investor" regelmäßig neu heraus und schreibt über das Buch: *„Mit Abstand das beste Buch, dass jemals für den Anleger geschrieben wurde".* Buffett besuchte die Columbia Universität nur, um Grahams Vorlesungen zu hören.

1.635% Rendite in 8 Jahren

1948 fädelte Graham seinen berühmtesten Kauf ein. Er investierte ganze 25% seines Kapitals in den Versicherer Geico. In den nächsten 8 Jahren erzielte er damit eine Rendite von 1.635%. Heute ist sein Schüler Warren Buffett der größte Aktionär von Geico. 1956 löste Graham seine Firma auf und verkaufte seine Geico-Anteile. Als er sich dann im Ruhestand befand, rechnete er den Dow Jones über 50 Jahre nach und bewies, dass seine in der „Security Analysis" vorgestellte Theorie den Markt um mehr als das Doppelte geschlagen hätte.

Benjamin Graham starb 1976 im Alter von 82 Jahren. Er hinterließ ein Vermögen von „nur" 3 Mio $. Für Graham war die intellektuelle Herausforderung der Investition stets wichtiger als privater Reichtum. Viele andere Investoren haben mit den Methoden Grahams mehr materiellen Erfolg erzielt als er selbst.

Die Columbia Business School richtete 1988 den Lehrstuhl für Vermögensmanagement und Finanzen ein. Dieser Studienzweig ist dem Graham-und-Dodd-Forschungsinstitut zugeordnet. Leider finden bis heute Grahams Theorien nur an wenigen Hochschulen den Einzug in die Lehrpläne. Buffett erklärt dies so:

„Es ist alles nicht kompliziert genug. Also bringt man den Leuten lieber etwas bei, das schwierig, aber unnütz ist. Wirtschaftsschulen belohnen komplexe Verhaltensformen mehr als einfache, aber die einfachen sind effektiver." ...

„Es ist für uns schon erstaunlich, wie viele Leute von Ben Graham gehört haben, sich aber nicht nach ihm richten. Wir machen aus unseren Prinzipien kein Geheimnis und schreiben viel darüber in unseren Jahresberichten. Die Prinzipien sind leicht zu lernen. Sie müssten auch leicht zu befolgen sein. Aber das Einzige, was Leute wissen wollen, ist: Was kaufen Sie heute?"

Der innere Wert und die Sicherheitsmarge

In *„Security Analysis"* werden verschiedene Prinzipien für den Investor aufgestellt. Am wichtigsten ist die so genannte Sicherheitsmarge (Margin of

Safety): Der innere oder auch wahre Wert eines Unternehmens sollte über dem derzeitigen Marktwert liegen. Erst wenn der Börsenkurs deutlich unter dem wahren, inneren Wert notiert – es sich also um ein unterbewertetes Unternehmen handelt –, gelangt das Unternehmen auf die Kaufliste.

Graham entwickelte Methoden, die jeder Anleger nachvollziehen und auch anwenden kann. Wertpapieranalyse war für ihn keine Kunst, sondern ein Zweig der Mathematik. Sein Ansatz ist rein mathematisch und hat den großen Vorteil der Objektivität und der Regelhaltigkeit.

„Ein Investment liegt vor, wenn nach gründlicher Analyse in erster Linie Sicherheit und dann eine zufrieden stellende Rendite steht."

Graham kaufte grundsätzlich nur, wenn der börsennotierte Marktwert unter dem inneren, wahren Unternehmenswert lag. Sein Motto:

„Zahle nur 50 Cent für einen Dollar."

Dann wartete Graham so lange, bis der Markt den wahren Wert erkannte. Graham gab einen weiteren wichtigen Rat:

„Anleger sollten immer so handeln, als ob sie ein ganzes Unternehmen kaufen und nicht ein Stück Papier. Der Anleger soll eine Aktie dann verkaufen, wenn der Kurs den fairen Wert erreicht hat. Das kann durchaus auch dann geschehen, wenn der faire Wert des Unternehmens sich verringert, weil sich die Zukunftsaussichten verschlechtert haben."

Grahams Regeln für den Anleger

❑ Achte nicht allzu sehr auf den Gesamtmarkt! Auch in einem teuren Markt gibt es Sonderangebote.

❑ Kaufe niemals eine Aktie, nur weil sie gerade gestiegen oder gefallen ist.

❑ Kaufe eine Aktie, als würdest du das ganze Unternehmen kaufen. Strebe nicht nach dem schnellen Gewinn. Suche nach Unternehmen, deren Aktien du ein ganzes Leben lang halten kannst.

- ❏ Suche nach spezifischen Zeichen für Value (Wert). Die attraktivsten Aktien haben ein unterdurchschnittliches KGV, eine hohe Dividendenrendite, und ihre Gewinne haben sich in den letzten 10 Jahren verdoppelt.

- ❏ Konzentriere dich auf Qualität. Anfänger sollten nur Standardwerte mit langjährigem Gewinnwachstum kaufen.

- ❏ Diversifiziere mit Aktien und Anleihen. Mindestens 25% des Geldes sollten in Cash und Anleihen liegen. Halte mindestens 8 Aktien.

- ❏ Vor allem: Denke selbst und sei geduldig. Die größten Gewinne kommen aus unterbewerteten Wachstumsaktien, die 5 Jahre oder länger gehalten werden.

Kriterien zur Bewertung

- ❏ Die Ertragsrendite sollte mindestens doppelt so hoch sein wie die durchschnittliche Rendite von Anleihen.

- ❏ Das KGV der Aktie sollte weniger als 40% des höchsten KGV der vergangenen 5 Jahre betragen.

- ❏ Die Dividendenrendite sollte mindestens 2 Drittel der Anleihenrendite betragen.

- ❏ Der Aktienkurs sollte nicht mehr als 2 Drittel des Buchwertes betragen.

- ❏ Die Börsenkapitalisierung des Unternehmens sollte höher sein als 2 Drittel des Nettoumlaufvermögens.

Kriterien zur Sicherheit

- ❏ Das Fremdkapital sollte das Eigenkapital nicht übersteigen.

- ❏ Das Umlaufvermögen sollte mindestens doppelt so hoch sein wie die kurzfristigen Verbindlichkeiten.

- ❏ Das Fremdkapital sollte geringer sein als das zweifache Nettoumlaufvermögen.

❏ Das Gewinnwachstum sollte in den vergangenen 10 Jahren durchschnittlich mindestens 7% betragen haben.

❏ In den letzten 10 Jahren sollten Gewinnrückgänge nicht mehr als zweimal bis 5% betragen haben.

Verkaufsregeln

Verkaufe, wenn
❏ die Aktie über 50% gestiegen ist
❏ die Dividende ausfällt
❏ durch das Absinken der Gewinne pro Aktie der Zielkurs so stark fällt, dass der aktuelle Kurs 50% über dem neuen Ziel-Kurs liegt, oder
❏ die Aktie 2 Jahre gehalten wurde und keines der Kriterien eine Verkaufsentscheidung bewirkt hat.

Ein Rat an junge Investoren

In einem Interview antwortete Graham auf die Frage, welchen Rat er jungen Anlegern geben würde: *„Ich glaube, wir können mit Hilfe einiger Techniken und einfacher Prinzipien erfolgreich arbeiten. Das Wichtigste ist, sich für die richtigen Grundprinzipien zu entscheiden und über genügend Charakterstärke zu verfügen, um ihnen treu zu bleiben."*

1.2.3   Portrait Philip A. Fisher

Phil Fisher konzentrierte sich ausschließlich auf potenzielle Wachstumsaktien zu einem guten Preis, um sich anschließend zurückzulehnen und die Aktien über einen langen Zeitraum zu halten. Fisher war ein Pionier der modernen Investment-Theorie.

„Ich möchte nicht viele gute Investments besitzen. Ich möchte einige wenige hervorragende Investments besitzen."

Phil Fisher gilt als einer der beiden großen Lehrmeister des legendären Warren Buffett.

Bereits im Jahre 1958 stellte er seine „Profi-Investment-Strategie" vor, die auch nach mehr als 40 Jahren nichts an Bedeutung und Gültigkeit eingebüßt hat.

Sein Leben

Phil Fisher wurde am 8. September 1907 geboren. Sein Vater war ein engagierter Chirurg, der sich mehr um humanitäre Belange kümmerte als um Reichtum. Da er meistens bescheidene Gebühren verlangte, hatte die Familie nur ein mittelmäßiges Einkommen.

Phil Fisher erinnerte sich: *„Als ich ca. 12 oder 13 Jahre alt war, erfuhr ich das erste Mal etwas über den Aktienmarkt."* Er betrachtete den Aktienmarkt damals als ein Spiel, das ihm die Chance bieten könnte, eine Menge Geld zu gewinnen.

Fisher war ein sehr kluger Schüler und schrieb sich bereits mit 15 Jahren ins College (übliches Eintrittsalter: 18 Jahre) ein – und einige Jahre später besuchte er die Stanford Graduate School of Business. Einer seiner Professoren, Dr. Emmett, war ein Management Consultant, der eine einzigartige Vorlesung in Business Management gab.

Fisher erzählte über diese Kurse: *„Anstatt der normalen Vorlesungsatmosphäre besuchte unser Kurs jeden Mittwoch verschiedene Unternehmen in der Bay Area. Wir besichtigten die Einrichtungen der Unternehmen. Nach der Besichtigung befragte Dr. Emmett die Manager über ihre Geschäftsstrategien und über die Führung des Betriebes. Wir hörten zu."*

Diese Kurse prägten Fisher für seine gesamte Investmentkarriere. Er lernte, Interviews zu führen und die Grundlagen eines erfolgreichen Unternehmens zu erkennen: Qualitätsmanagement, -produkte und -marketing. Während einer dieser Exkursionen beeindruckten Fisher die Manager, die Produkte und das Gewinnpotenzial zweier Unternehmen, die sich in Nachbarschaft zueinander befanden, besonders. Sie sollten von besonderem Wert während seiner Zeit als Fondsmanager werden.

Anfangs arbeitete Fisher als Wertpapieranalyst. 1931 gründete er während der Weltwirtschaftskrise sein eigenes Unternehmen als Fondsmanager. 1933 kämpfte er noch immer darum, seinen Lebensunterhalt zu bestreiten. Der Aktienmarkt stand auf dem niedrigsten Niveau, der Dow Jones brach zwischen 1929 und 1932 um 89 % ein. Investoren erlebten den schlimmsten Bärenmarkt in der Geschichte der USA.

Eine gefallene Aktie zog Fishers Aufmerksamkeit besonders auf sich. Die beiden Unternehmen, die Fisher damals bei seinen Exkursionen mit Dr. Emmett beeindruckten, hatten sich mit einem dritten Unternehmen zusammengeschlossen und waren an die Börse gegangen. Das Unternehmen nannte sich Food Machinery, heute unter FMC bekannt.

Die Aktie war von einem Hoch von 50 $ auf 4 $ gefallen. Fisher jedoch kannte FMC. Er wusste, dass FMC von einem guten Management geführt wurde und hervorragende Produkte hatte. Auch in der schwierigen Situation glaubte er an die guten Gewinnaussichten des Unternehmens. Er ergriff die Gelegenheit und kaufte für seine Kunden und sich Aktien.

Die Wirtschaft erholte sich von der Depression, der Markt drehte, und FMC wurde ein großer Gewinner für Fisher. Fisher bemerkte: *„Ich hielt die Aktie bis zu dem Zeitpunkt, an dem ich dem Unternehmen nicht mehr die Wachstumsraten zutraute, die es in früheren Jahren aufwies. Ich verkaufte die Aktien meiner Kunden und meine eigenen. Mein Gewinn überstieg das 50fache meines Einkaufspreises."*

3 Generationen Fisher

Zwei Familienmitglieder sind in seine Fußstapfen getreten. Sein Sohn Ken wurde Fondsmanager, und sein Enkelsohn schrieb mit 16 Jahren für junge Anleger ein Buch über den Aktienmarkt. Ken Fisher ist Gründer, Vorsitzender und CEO von Fisher Investments.

Er erlernte den Investmentstil seines Vaters, entwickelte dann aber seinen eigenen Stil. Ken legt mehr Wert auf Finanzkennzahlen und wertet die ökonomischen und technischen Statistiken, den Geschäftsausblick, die Zinsen und die allgemeinen Aktienindikatoren aus. Der fundamentalen Unternehmensbewertung ist er aber immer treu geblieben.

Profi-Investment-Strategie

Bereits 1958 stellte er in seinem Buch *„Die Profi-Investment-Strategie"* seine Investmentmethode vor, die auch nach mehr als 40 Jahren noch nichts von ihrer Gültigkeit verloren hat. Viele professionelle Anleger werden auch heute noch von Fishers Methoden beeinflusst.

Warren Buffett: *„Ich besuchte Phil Fisher, nachdem ich „Die Profi-Investment-Strategie" gelesen hatte. Ich war beeindruckt von dem Mann und* *seinen Ideen. Mit Phils Methoden lernt man, das Anlagegeschäft wirklich zu durchschauen und sein Geld intelligent anzulegen. Ich bin ein begeisterter Leser der Profi-Investment-Strategie und kann sie nur jedem empfehlen.*"

Die Gerüchteküche

Um seine Unternehmen zu finden, ging Fisher in 3 Schritten vor:

Schritt 1: Informationen sammeln

Fisher las alles, was er nur finden konnte, über ein Unternehmen. Er las Publikationen wie *Forbes, Fortune, Barron's* und *The Wall Street Journal.* Doch er bekam seine Investment-Ideen in erster Linie durch Gespräche mit Investmentfachleuten und Geschäftsleuten. Er studierte Unternehmensberichte und Aktienanalysen.

Schritt 2: Die Informationen bewerten

Um zu entscheiden, welches Unternehmen seine Kriterien traf, stellte Fisher folgende Fragen:

❏ Hat das Unternehmen einen hervorragenden CEO und ein starkes Managementteam?

❏ Berichtet das Management den Aktionären bei Problemen genauso aufrichtig wie bei guten Nachrichten?

❏ Kann das Management eine innovative Geschäftsstrategie und innovative Produkte aufweisen?

❏ Verpflichtet sich das Unternehmen langfristig zur Herstellung hochwertiger Produkte mit einem bedeutenden Wert für die Kunden?

❏ Unterhält das Unternehmen exzellente Beziehungen zu Kunden und Mitarbeitern?

❏ Hat das Unternehmen einen Wettbewerbsvorteil und die Fähigkeit, mit Veränderungen fertig zu werden?

❑ Wird das Unternehmen effektiv geführt – mit guten und ständigen Gewinnmargen sowie steigenden Umsätzen und Gewinnen?

❑ Hat die Aktie einen vernünftigen Preis relativ zum langfristigen Gewinnpotenzial und zukünftigen Aktienkurs?

Er suchte Unternehmen mit einem innovativen Management, das eine Reihe erfolgreicher Leistungen aufweisen konnte. Er las den Bericht des CEOs und die Diskussionen des Managements im Geschäftsbericht. Er analysierte die Zahlen, die Aktivitäten in der Forschung und Entwicklung, die Zielsetzung und das Geschäftsrisiko. Bei der Bewertung der Unternehmensbilanzen waren ihm geringe Schulden und gute finanzielle Stabilität wichtig.

Die Methode der „Gerüchteküche" prägte Fisher. Mit dem Bewusstsein, dass Investieren eine Kunst und keine Wissenschaft ist, versuchte Fisher ein möglichst vollständiges Bild seines Kaufkandidaten zu bekommen. Er suchte Informationen aus erster Hand von Menschen, die mit dem Unternehmen in Beziehung stehen oder standen. Er nannte es „das Geheimnis der Gerüchteküche".

Wenn er mit dem Background-Research fertig und mit Informationen gerüstet war, traf sich Fisher mit dem Top-Management des Unternehmens. Das angesammelte Wissen und die Kenntnisse über das Unternehmen gaben ihm die Möglichkeit, passende Fragen zu stellen:

❑ Welchen langfristigen Problemen sieht sich das Unternehmen gegenüber, und wie wird es damit umgehen?

❑ Welche Planungen bestehen in Forschung und Entwicklung?

❑ Was wird unternommen, um bestimmte gegenwärtige Geschäftsprobleme zu überwinden?

❑ Wie werden sich Veränderungen beim Kaufverhalten der Konsumenten auf das Unternehmen auswirken?

❑ Wie werden sich Geschäftstrends und ökonomische Bedingungen in Ländern, in denen die Geschäfte betrieben werden, auf die internationale Tätigkeit auswirken?

Schritt 3: Die Entscheidung

Bevor Fisher eine Aktie kaufte, versicherte er sich, ob er genügend Informationen gesammelt hatte und ob all seine Fragen genügend beantwortet waren. Das Unternehmen sollte zudem seine Kriterien treffen. Fisher kaufte nur Aktien, wenn er überzeugt war, dass das Unternehmen ein hervorragendes langfristiges Gewinnpotenzial hatte. Er bewertete den Preis in Bezug auf das zukünftige Gewinnpotenzial.

Fisher kaufte Aktien, bevor andere Investoren den Wert des Unternehmens erkannten, und auch dann, wenn viele Investoren negativ zum Unternehmen eingestellt waren. Fisher war nicht daran interessiert, ob andere mit ihm einer Meinung waren. Ihm war wichtig, dass er sorgfältig recherchiert hatte und er sich über das Investment sicher war.

Er kaufte Aktien während eines allgemeinen Rückgangs des Aktienmarkts oder wenn die Aktie zeitweise aufgrund eines schlechten Quartals oder wegen Geschäftsproblemen, die er für temporär hielt, fiel.

Er beobachtete seine Investments, las Geschäftsberichte und Aktienanalysen. Er besuchte weiterhin die Unternehmen. Gab es Geschäftsprobleme, versuchte er herauszufinden, was das Management unternahm, um die Lage zu korrigieren.

Fisher verkaufte, wenn das Unternehmen nicht mehr seinen ursprünglichen Kaufkriterien entsprach oder wenn er glaubte, dass er einen Fehler gemacht hatte. Fisher beschäftigte sich immer sehr intensiv mit seinen Unternehmen.

Fishers 15-Punkte-Katalog

Punkt 1: Bietet das Unternehmen Produkte oder Dienstleistungen an, deren Marktpotenzial zumindest für einige Jahre nennenswerte Umsatzsteigerungen möglich macht?

Punkt 2: Ist das Management entschlossen, kontinuierlich Produkte oder Prozesse zu entwickeln, die das Umsatzpotenzial insgesamt weiter steigern, auch nachdem das Wachstumspotenzial gegenwärtig attraktiver Produktlinien zum großen Teil erschöpft ist?

Punkt 3: Wie effektiv sind die Aktivitäten eines Unternehmens im Bereich Forschung und Entwicklung im Verhältnis zu seiner Größe?

Punkt 4: Verfügt das Unternehmen über eine überdurchschnittliche Vertriebsabteilung?

Punkt 5: Weist das Unternehmen eine lohnende Gewinnspanne auf?

Punkt 6: Was tut das Unternehmen, um seine Gewinnspanne aufrechtzuerhalten oder zu verbessern?

Punkt 7: Sind die industriellen Beziehungen und die Personalführung des Unternehmens hervorragend?

Punkt 8: Ist das Klima in der Führungsetage des Unternehmens optimal?

Punkt 9: Ist das Management des Unternehmens ausreichend tief gestaffelt?

Punkt 10: Wie gut sind Rechnungswesen und Finanzbuchhaltung?

Punkt 11: Gibt es weitere branchenspezifische Aspekte, die dem Anleger wichtige Hinweise auf die Wettbewerbsposition des Unternehmens geben können?

Punkt 12: Orientiert sich das Unternehmen auf kurzfristige oder auf langfristige Gewinne?

Punkt 13: Wird das Wachstum des Unternehmens in der näheren Zukunft ein solches Ausmaß an Aktienfinanzierung erfordern, dass die größere Zahl der dann im Umlauf befindlichen Aktien den Nutzen des Altaktionärs aus dem antizipierten Wachstum minimieren wird?

Punkt 14: Äußert sich das Management in guten Zeiten freimütig gegenüber Investoren, wird aber verschlossen, wenn es zu Schwierigkeiten und Enttäuschungen kommt?

Punkt 15: Ist das Management des Unternehmens integer?

1.2.4 Portrait Peter Lynch

Sein weißes Haar spiegelt viel Lebenserfahrung wider, und sein kantiges Gesicht lässt den Strategen in ihm vermuten. Peter Lynch ist der erfolgreichste Fondmanager der Welt. 13 Jahre lang führte er den berühmten Fidelity Magellan Fund. In dieser Zeit erzielte er mit dem Fond eine sagenhafte Rendite von durchschnittlich 29% pro Jahr. Mit diesen Erfolgen machte Lynch die Aktienanlage in den 1980er-Jahren sehr populär.

Vom Caddy zum Fondsmanager

Peter Lynch (1944) aus Boston gehört in die Riege der Wachstumsinvestoren. Bereits während seines Studiums investierte er erfolgreich in Aktien. Er investierte 1.250 $ in das Luftfrachtunternehmen Flying Tiger Line. Wegen des Vietnamkriegs wurden alle Frachtmaschinen gebraucht, und die Unternehmen erwirtschafteten sehr gute Ergebnisse. Die Aktien stiegen, und Lynch hatte einen großen Gewinn. Mit dem Aktiengewinn konnte er sich sein Studium an der Wharton School of Finance finanzieren. Lynch schloss sein Studium 1968 mit dem Master of Business Administration (MBA) ab.

Später ging er nicht an die Wall Street, sondern blieb seiner Heimatstadt treu, weil hier das Zentrum für Aktienfonds war. Er jobbte auf einem Golfplatz als Caddy und lernte dort auch seinen späteren Chef, den damaligen Fidelity-Präsidenten D. George Sullivan, kennen. Zunächst bekam Lynch nur einen Sommerjob bei Fidelity. Später, nach seinem Militärdienst, begann er als Wertpapieranalyst für Metallunternehmen. Nach einem Jahr gab man ihm eine Gehaltserhöhung um 1.000 $ auf 17.000 $. Dennoch lehnte Lynch zum damaligen Zeitpunkt ein Angebot eines Brokers von 55.000 $ ab. 1974 wurde er Chef der Fidelity-eigenen Researchabteilung. Kurz darauf folgte der Aufstieg in das Investmentkomitee. Schließlich übernahm er 1977, im Alter von nur 33 Jahren, einen damals kleinen Fonds, den Magellan Fund.

Fidelity Magellan Fund

Der Magellan-Fund wurde schon 1963 gegründet, erlebte jedoch unter Peter Lynch seine Glanzzeit. Er wurde von seinem Gründer nach dem portugiesischen Entdecker benannt.

Von 1977 bis 1990 managte Peter Lynch den Magellan Fund und erreichte die phantastische Rendite von 29% pro Jahr. Die durchschnittliche Jahresrendite übertraf in diesem Zeitraum den S&P-500-Index um fast das Doppelte. Selbst im Crashjahr von 1987 schaffte Lynch noch ein Plus von 1%. In den 13 Jahren seines Managements wurden aus 10.000 $, die in seinen Fonds angelegt waren, 280.000 $. Das verwaltete Vermögen wuchs in diesem Zeitraum von 22 Mio $ auf 12 Mrd $.

Lynch machte den Fonds zu dem größten Aktienfonds der Welt. Kritiker warnten damals vor der immensen Fondsgröße. Lynch wollte nun beweisen, dass auch ein sehr großer Fonds den Markt deutlich schlagen kann – und es gelang ihm eindrucksvoll. Das von ihm betreute Anlagevolumen entsprach dem Bruttosozialprodukt von Ecuador. Der Fonds war zu Lynchs Zeiten so berühmt, dass jeder 250. Amerikaner durchschnittlich 13.000 $ investiert hatte. Zum Schluss vertrauten ihm mehr als eine Million Anleger ihr Geld an.

Das plötzliche Ende nach 15.000 Aktien

In seiner Zeit bei Magellan kaufte Lynch die Aktien von über 15.000 Unternehmen. In Spitzenzeiten hielt er gleichzeitig ca. 1.500 verschiedene Aktien, wobei die 100 größten Werte etwa 50% des Portfolios ausmachten. Lynch war ständig in Hektik und schichtete seinen Fond um. Es gab oftmals Aktien, die er nicht einmal für einen Monat hielt. Seine Umschlagsrate betrug häufig über 300% pro Jahr. Das heißt, er wechselt seinen Aktienbestand im Schnitt mehr als dreimal pro Jahr vollständig aus.

Am 31. Mai 1990, als er erst Mitte 40 war, versetzte der Superstar Lynch die Öffentlichkeit in großes Erstaunen. Er beendete seine erfolgreiche Karriere als Investment-Manager und beschränkte sich darauf, hin und wieder öffentliche und gemeinnützige Organisationen bei ihrer Geldanlage zu beraten. Wie er sich selbst ausdrückte, hatte er genug Geld verdient und wollte nun mit seinem Wissen etwas für das Allgemeinwohl unternehmen. Peter Lynch verdiente bei Fidelity bis zu 10 Mio $ pro Jahr.

„Man erinnert sich dann plötzlich daran, dass noch nie jemand auf seinem Sterbebett gesagt hat: Ich wünschte, ich hätte mehr Zeit im Büro verbracht."

Lynch hatte es sich auch zum Ziel gemacht, die Aktienanlage für jedermann verständlich in Büchern und auf Konferenzen zu erklären. Heute ist er ein sehr gefragter Referent und Autor zahlreicher Bestseller. Er legt heute das Geld für wohltätige Organisationen ehrenamtlich an.

Kombination aus Kunst und Wissenschaft

Lynch nennt seine Methode „Eyes-and-Ears-Investing", womit er sinnge-mäß meint: Investiere mit Augen und Ohren! Er predigt die einfachen Anlage-Entscheidungen und setzt dabei auf kleinere Wachstumsunter-nehmen: Small Caps.

Er ist ein klassischer Stockpicker und kümmert sich nicht um die Rich-tung des Marktes. Er investiert in jedem noch so schwierigen Umfeld, in einzelne, attraktiv bewertete Unternehmen.

„Die Aktienwahl ist sowohl eine Kunst als auch eine Wissenschaft."

Einige Unternehmen werden von der Bildfläche verschwinden. Andere werden ihren Wert halbieren. Und noch andere werden auf das 10- bis 30fache ihres Wertes steigen. Bei dem einzelnen Investment ist das Ver-lustpotenzial begrenzt, während das Gewinnpotenzial unbegrenzt ist.

Nach Lynch muss man in seiner Investmentkarriere nur wenige Male das Geschick haben, Aktien zu finden, die auf das 10-, 20- oder 50fache steigen. Lynch nennt das Ten-, Twenty- oder Fifty-Baggers. (Bag kommt vom Englischen „Tasche". Bei einem Twenty-Bagger hat der Anleger nach-her das 20fache der Investition in der Tasche.)

„Jeder kann mit Aktien reich werden, wenn er seine Hausaufgaben macht."

Lynch bevorzugt – wie auch Buffett – die Unternehmen mit Produkten, die einfache Konsumgüter darstellen und die jedermann kennt oder gebrau-chen könnte. Er ist fest davon überzeugt, dass sich solche Kaufgelegen-heiten in der unmittelbaren Nähe eines jeden Anlegers befinden. Peter Lynch besuchte immer wieder Einkaufszentren und entdeckte dort einige seiner besten Investments (Body-Shop, Wal-Mart, Toys ‚R' US, Home Depot, Taco Bell etc.).

Viele seiner besten Investments entsprangen dabei dem gesunden Menschenverstand. Jeder kann nach seiner Auffassung im täglichen Leben nach neuen Produkten oder Geschäftskonzepten Ausschau halten und erstklassige Investments herausfiltern.

Natürlich machte Lynch auch viele Fehler, aber er war ständig bemüht, aus diesen Fehlern zu lernen. Er führte über seine Investmentideen Tagebuch.

„Meine Tagebücher sind voll von verpassten Gelegenheiten, aber der Aktienmarkt ist nachsichtig – der Einfaltspinsel erhält immer eine zweite Chance. Fondsmanager und Sportler haben eines gemeinsam: Auf lange Sicht sind sie erfolgreicher, wenn man sie langsam aufpäppelt."

100 Steine, aber nur 10 Ideen

Lynch gilt als sehr arbeitssüchtig, er beginnt seine Arbeitstage regelmäßig um 6 Uhr morgens. In den ersten Jahrzehnten seiner Ehe machte er nur zweimal Urlaub.

Lynch ist ein Einzelkämpfer, der nur von 2 Mitarbeitern unterstützt wird. Sein Arbeitsstil gilt als äußerst effizient. Die Telefonate mit den Brokern beschränkt er auf exakt 90 Sekunden Länge. Nach genau dieser Zeit ertönt ein Zeichen, und Lynch beendet das Gespräch.

Lynch sucht ständig nach neuen Chancen. Hat er ein interessantes Unternehmen gefunden, stürzt er sich sofort auf die gesamte Branche. Er kaufte dann oftmals sofort eine ganze Reihe von Aktien. Erst im zweiten Schritt macht er sich nähere Gedanken und streicht diese Auswahl wieder zusammen.

„Ich drehe 100 Steine um und finde vielleicht 10 Ideen. Wer die meisten Steine umdreht, der gewinnt das Spiel."

Lynch spottet über Gesamtmarktanalysen, für ihn ist Dreh- und Angelpunkt seiner Investmententscheidung das einzelne Unternehmen. Immer wieder sucht er kleine Unternehmen, mit denen er große Renditen erzielen kann. Hat er ein Unternehmen mit 200, 300 oder 500% Gewinn, gleicht das den Verlust vieler seiner anderen Investments aus.

Wer eine Investmentidee hat, die nicht funktioniert, sollte nach seiner Auffassung schnell wieder verkaufen.

Lynch richtet sich nicht nach der Regel: Kaufe niedrig und verkaufe hoch – im Gegenteil, er hat keinerlei Angst, gute Aktien auch zu sehr hohen Kursen zu erwerben. Umgekehrt ist für ihn eine Aktie, die stark gefallen ist, noch lange keine Kaufposition, denn nicht alle Aktien, die fallen, steigen auch wieder.

Ähnlich wie Waren Buffett kauft Lynch nur wenige Technologieunternehmen, da er glaubt, deren Geschäft nicht zu verstehen. Von vermeintlichen Geheimtipps oder Turnaround-Aktien hält Lynch wenig.

Peter Lynch teilt Aktien in verschiedene Arten ein und gibt Hinweise, worauf in den einzelnen Rubriken geachtet werden sollte.

Aktien mit schwachem Wachstum

Diese Aktien sollten nur wegen der Dividende gekauft werden. Den Anleger interessiert dabei, ob das Unternehmen die Dividende regelmäßig zahlt und stetig erhöht.

Aktien mit starkem Wachstum

Folgende Fragen sollten hierbei vom Anleger beantwortet werden können:

❑ Wie viel Prozent macht das Hauptprodukt vom gesamten Umsatz aus?

❑ Verfügt das Unternehmen über ein starkes Gewinnwachstum in den letzten Jahren?

❑ Ist das Unternehmenskonzept an vielen Orten multiplizierbar?

❑ Das KGV sollte mindestens gleich der Wachstumsrate sein, besser sogar: KGV < Wachstumsrate.

❑ Beschleunigt sich die Expansion?

Aktien mit stetigem Wachstum

❑ Das KGV gilt hier als Preisindikator.

❑ Bei diesen Aktien ist die langfristige Wachstumsrate entscheidend.

Darüber hinaus sollte der Anleger prüfen, wie sich das Unternehmen in vergangenen Rezessionen verhalten hat.

Zyklische Aktien

❑ Vor einem Investment sollte der Zyklus unbedingt vom Anleger erkannt sein.

❑ Die aktuelle Angebot-Nachfrage-Relation ist hier entscheidend. Trotz einer Erholung des Kurses sinkt das KGV.

Turnaround-Aktien

Vor einem Engagement in diese Aktienart sollte der Investor Folgendes unbedingt prüfen und berücksichtigen:

- ❏ Wie hoch sind die flüssigen Mittel?
- ❏ Wie hoch sind die langfristigen Verbindlichkeiten?
- ❏ Wie teilen sich die Schulden genau auf?
- ❏ Wie lange bleibt dem Unternehmen mit den vorhandenen Barreserven noch Luft?
- ❏ Wie könnte die Firma gerettet werden, gibt es genaue Konzepte hierzu?
- ❏ Hat sich die Gesellschaft bereits von unrentablen Betriebsteilen getrennt?
- ❏ Erhält das Unternehmen wieder neue Aufträge?
- ❏ Sind noch (weitere) Kostensenkungspotenziale vorhanden?

Der erfolgreichste und wohl auch populärste Fondsmanager der Geschichte resümiert: *„Wenn man anfängt, Freddie Mac und Fannie Mae mit seinen Kindern zu verwechseln, und sich an 2.000 Aktienkürzel erinnert, aber die Geburtstage seiner Freunde und Verwandten vergisst, dann wünscht man sich plötzlich, mehr Schulaufführungen, Skiausflüge und Fußballspiele erlebt zu haben. Das Leben bietet mehr als Aktien und Renten."*

1.3   Growth gegen Value

Seitdem sich Anleger und Investoren mit Unternehmensdaten befassen, herrscht zwischen ihnen eine heftige Diskussion, ob der Growth-(Wachstums-) oder Value-(Wert-)Ansatz der richtige ist. Buffetts Ausspruch *„Wachstum ohne Wert ist ebenso abzulehnen wie Wert ohne Wachstum"* trifft den Zusammenhang auf den Punkt.

Unternehmen sind letztlich immer so viel wert wie die Gewinne, die sie heute und in der Zukunft erzielen. Wir kombinieren bei unserem Value-Ansatz Elemente des traditionellen Growth- und Value-Ansatzes. Wir wollen Top-Qualität zu einem günstigen Preis. Top-Qualität gibt es auch bei Wachstumsunternehmen. Wachstumsunternehmen sind in der Regel „teurer" als Unternehmen, die nicht mehr so stark wachsen.

Was bedeuten Value-Analyse und Value-Investment wirklich? Steht der Value-Ansatz im Widerspruch zum Growth-Ansatz?

In der Literatur finden Sie verschiedene Definitionen vom Value-Investment. Oftmals sind es Diskussionen, die den Growth-(Wachstums-) dem Value-(Wert-)Ansatz gegenüberstellen. Hierbei wird dann versucht, verschiedene Investmentansätze in starre Schemata einzugliedern. Wir trennen diese Begriffe nicht so strikt, denn es ist nicht zwingend notwendig, hier einen Gegensatz zu sehen. Planbares Wachstum ist ein zentraler Bestandteil von Value!

Der erfolgreichste Value-Investor der Geschichte umschreibt seine Anlage-Strategie so:

„Frage nicht nach dem Preis, den du für ein Unternehmen zahlst, sondern nach dem Wert (Value), den du für dein Geld bekommst!"

Wenn Sie nach diesem Grundsatz handeln möchten, dann müssen Sie sich zwangsläufig umfassende Gedanken über die Qualität eines Unternehmens machen und diese Qualität auch definieren. Das geschieht u.a. dadurch, dass Sie die fundamentalen Daten beurteilen. Sie erhalten dann Aussagen über die Finanzkraft, die Wachstumsraten oder die Qualität des Managements in der Vergangenheit.

Ebenso wichtig ist jedoch der Preis, den Sie für diese hohe und auch seltene Qualität zahlen müssen. Gute Qualität ist oftmals sehr teuer – denn Qualität hat ihren Preis. Es nützt Ihnen sehr wenig, wenn Sie Spitzenqualität zu teuer einkaufen.

Viele Investoren wählen für ihre Portfolios nur die besten Unternehmen der Welt aus. Sie setzen dabei ausschließlich auf bekannte Marktführer. Um wirklich erfolgreich zu sein, müssen Sie aber noch einen entscheidenden Schritt weiter gehen. Suchen Sie Top-Unternehmen mit einem erheblichen Abschlag zum „inneren Wert", also „unterbewertete" Unternehmen. Dabei schauen wir in erster Linie auf die Fundamentaldaten der Unternehmen und nicht auf die Stimmung am Aktienmarkt, die Politik, Konjunktur oder Wirtschaft.

Investieren Sie nur in erstklassige Unternehmen, die aller Voraussicht nach auch in ferner Zukunft ihre führende Marktposition behaupten werden.

Grundsätzlich sollten Sie bereit sein, „Ihre" Unternehmen sehr lange zu halten, tendiert der Marktwert jedoch an den „inneren, wahren Wert", können Sie verkaufen. Dann sollten Sie andere Unternehmen mit

„Top-Qualität zum günstigen Preis"

suchen.

1.4   Qualität zum günstigen Preis

Viele Anleger schauen lediglich auf den Kurs einer Aktie. Der Kurs ist jedoch nur das, was man zahlt. Der Wert ist das, was man erhält. Ein Unternehmen, dessen Marktwert in der Vergangenheit stark gestiegen ist, halten viele für teuer, eine Aktie, die gefallen ist, für ein Schnäppchen. Die Frage muss jedoch immer lauten: Was bekomme ich für den Preis an Wert geboten?

Wie hoch ist der innere bzw. wahre Wert eines Unternehmens, und welcher Preis wird an der Börse für das Unternehmen bezahlt? Dieser Unterschied ist für Value-Anleger von großer Bedeutung.

Oft bewertet der Markt ein Unternehmen richtig, und manchmal neigt er zu Übertreibungen. Wenn er aber zu Untertreibungen tendiert, bieten sich gute Chancen. Langfristig tendiert der Marktwert eines Unternehmens zum „inneren" Wert. Halten Sie also nach überdurchschnittlichen Unternehmen Ausschau, die Sie unter dem wahren Wert kaufen können. Dabei sollten Sie auf die Fundamentaldaten der Unternehmen, also die Tatsachen, schauen. Die Stimmung am Aktienmarkt, die Politik, Konjunktur oder Lage der Wirtschaft allgemein interessiert weniger.

Auch Spitzenunternehmen haben hin und wieder Probleme. Die Börse neigt dann dazu, diese Unternehmen überproportional hoch „abzustrafen". Diese Situationen stellten in der Vergangenheit oftmals sehr gute Kaufgelegenheiten dar, denn normalerweise überwinden Spitzenunternehmen ihre Probleme und gehen gestärkt aus Krisen hervor.

„Die meisten Leute interessieren sich für Aktien, wenn das alle anderen auch tun. Der richtige Zeitpunkt ist aber dann, wenn jeder sonst uninteressiert ist. Man kann nicht etwas kaufen, das beliebt ist, und damit Erfolg haben."

A. Hughey, 1985 in *Newsweek*

Es kommt auch vor, dass Unternehmen ihre Gewinn- und Ertragssituation Jahr für Jahr verbessern, der Markt jedoch die sich ständig verbessernde Ausgangsposition ignoriert. Die Aktie wird somit bei unverändertem Kurs immer preiswerter.

Wir erleben aber auch, dass Unternehmen extrem hoch bewertet sind. Gerade während der Technologieblase kam es zu Phasen der Übertreibung, die selbst bei den Marktführern unweigerlich zu einer scharfen Korrektur der Kurse führte.

„Bullenmärkte machen Anleger übermütig: Wenn man als Ente auf einem Teich schwimmt und dieser aufgrund von Regenfällen ansteigt, bewegt man sich in der Welt allmählich nach oben. Aber man hält sich selbst für die Ursache, und nicht den Teich."

Charlie Munger, 1996

Was müssen Sie tun, wenn Sie nach diesen Grundsätzen handeln möchten?

1. Als Erstes sollten Sie wissen, was Qualität bei einem Unternehmen bedeutet und wie Sie dies auch konkret feststellen können.

2. Als Zweites treffen Sie dann eine Aussage über den fairen Unternehmenswert. Sie sollten sehr genau definieren, welchen Preis Sie für „Ihre" Qualitätsunternehmen zahlen wollen.

Beim Value-oder-Wert-Ansatz ist der Unterschied des wahren bzw. inneren Wertes eines Unternehmens zum an der Börse notierten Marktwert (Kurs) von entscheidender Bedeutung. Diese Unternehmen sollen einen erheblichen Abschlag zum inneren Wert haben, also „unterbewertet" sein. Dabei sollten Sie auf die Fundamentaldaten der Unternehmen, also die Tatsachen, schauen. Die Stimmung am Aktienmarkt, die Politik, Konjunktur oder Lage der Wirtschaft allgemein interessieren weniger.

45

Langfristig betrachtet ist die Aktie eine der renditeträchtigsten Kapitalanlageformen überhaupt. Wir kennen aber auch alle die Weisheit: „Die Börse ist keine Einbahnstraße!" Gerade in den vergangenen Jahren konnten wir mitunter sehr starke Schwankungen und Abwärtsbewegungen an den Aktienmärkten verfolgen. Dies ändert aber nichts an den unverändert guten Perspektiven führender Unternehmen. Solange die Menschen nach Fortschritt streben, wird es Unternehmen geben, die Gewinne erwirtschaften.

Viele Anleger sind in Baisse-Jahren verunsichert. „Crash-Gurus" haben dann wieder Hochkonjunktur – und jeden Tag werden Sie mit neuen Schreckensmeldungen konfrontiert. Letztlich kann Ihnen aber keiner verlässlich sagen, wo die Wirtschaft in den nächsten Monaten hingeht. In der Vergangenheit gab es immer Gründe, warum Menschen keine Aktien kauften. In den letzten 50 Jahren haben wir zum Beispiel eine Kuba-Krise, einen Vietnam-Krieg, Ölkrisen, Dollar-Verfall, Börsen-Crashs, einen Balkan-Krieg und eine Asien-Krise überstanden. Zuletzt erschütterten uns der Absturz der Technologiewerte, Terroranschläge und Kriege.

Es gibt aber auch immer einen triftigen Grund, warum wir langfristig in Aktien investieren sollten: 25.000 € in 1949 in den Aktienmarkt (Dow Jones) investiert, hatten Ende 2004 einen Wert von 1.884.629 €. Jahr für Jahr gab es für Menschen Gründe, keine Aktien zu kaufen, aber immer wieder bietet die Börse bessere Wertsteigerungen als andere Geldanlagen. In den letzten 50 Jahren gab es an den Börsen praktisch nur Aufwärts- und Seitwärtsbewegungen. Von 1949 bis 1965 und 1982 bis 2000 erlebten wir zwei große Boomphasen – dazwischen von 1965 bis 1982 eine lange Seitwärtsbewegung. Auch bei einer noch längerfristigen Betrachtung wird deutlich, dass langfristig betrachtet die Märkte letztlich immer stiegen.

Interessant dabei ist jedoch, dass auch in diesen Seitwärtsbewegungen an der Börse Geld verdient werden konnte. Wenn wir den o. a. Zeitraum von 1965 bis 1982 betrachten, so fällt auf, dass auch in dieser langen Seitwärtsbewegung mit einer wertorientierten Anlage-Strategie, wie sie Buffett anwendet, sehr gute Renditen erzielt werden konnten. So gelang es ihm mit scheinbar „langweiligen" Unternehmen, den Wert seiner Beteiligungsgesellschaft auch in jener Zeit jedes Jahr um durchschnittlich 23,6% zu steigern. Interessant dabei ist auch, dass er in dieser Zeit kein einziges Jahr negativ abschloss. Der Markt hingegen hatte in der gleichen Phase starke Auf- und Abwärtsbewegungen zu verkraften.

Solange die Menschen nach Fortschritt streben, wird es Unternehmen geben, die ihre Gewinne steigern. Langfristig ist der Unternehmenswert nur von den zukünftigen Gewinnen abhängig. Wenn Sie auf gute Unternehmen achten, die zudem unterbewertet sind, haben Sie auch in den schwierigen Zeiten gute Chancen, erfolgreich zu investieren.

Vor dem Kauf eines Unternehmensanteils (Aktie) sollten Sie immer Ihre Chancen gegenüber den Risiken abwägen. Nur das Bewusstsein Ihrer Chancen und Risiken führt zu einem ausgewogenen Chancen-Risiko-Verhältnis. Es gibt kaum Erfolge, die gänzlich ohne Risiko zu erreichen sind. Jedoch sollten Sie immer darauf bedacht sein, diese Unsicherheiten auf ein Mindestmaß zu reduzieren.

Bei unserem Value-Ansatz gehen wir in 3 Schritten vor:

1. Schritt: Allgemeine Unternehmensbeurteilung

Im 1. Schritt, der allgemeinen Unternehmensbeurteilung, identifizieren wir die besten Unternehmen der Welt in Bezug auf Marktstellung, Produkte, Unternehmensgeschichte und Wachstums-Chancen. Hier identifizieren wir die Unternehmen mit einer dauerhaften monopolähnlichen Marktposition. (Zum genauen Vorgehen und den Ergebnissen lesen Sie mehr ab Seite 52.)

2. Schritt: Überprüfung der messbaren Qualitätskriterien

Im 2. Schritt überprüfen wir unsere erste, zum Teil noch subjektive Einschätzung anhand genau definierter Kriterien und Finanzzahlen. So sind wir in der Lage, eine genaue Aussage über die Qualität von Aktien zu treffen. Es gibt auch Unternehmen, die hervorragende Finanzzahlen haben, aber die Kriterien der allgemeinen Unternehmensbewertung nicht 100%ig erfüllen. Die besten dieser „sonstigen" Qualitätsunternehmen beziehen wir ebenfalls in unsere Analyse ein. (Zum genauen Vorgehen und zu den Ergebnissen lesen Sie mehr ab Seite 62.)

3. Schritt: Ermittlung des wahren Unternehmenswertes

Erst DANACH – im 3. und letzten Schritt – schauen wir uns den wahren Wert des Unternehmens an und entscheiden darüber, ob wir die Aktie kaufen, halten oder verkaufen wollen. Wie im täglichen Leben wollen wir beste

Qualität zu einem einmalig günstigen Preis erhalten. Wir suchen keine „teuren" und auch keine „billigen" Unternehmen, wir suchen „preiswerte" Unternehmen. (Zum genauen Vorgehen und den Ergebnissen lesen Sie mehr ab Seite 68.)

Die Grundsätze der Wert-Zuwachs-Strategie haben sich seit Jahrhunderten nicht verändert. Buffett beschreibt dies in einem sehr plastischen Beispiel, das wir Ihnen nicht vorenthalten wollen:

Auszüge aus Buffetts Brief an die Aktionäre 2000

„Die Methode zur Bewertung aller Investitionen, die im Hinblick auf ihre Erträge gemacht werden, hat sich überhaupt nicht verändert, seit sie erstmals 600 v.Chr. von einem sehr klugen Mann aufgeschrieben wurde. (Auch wenn er nicht klug genug war, um zu wissen, dass es 600 v.Chr. war). Dieses Orakel war Aesop, und seine beständige, etwas unvollständige Einsicht war: Ein Vogel in der Hand ist besser als zwei in einem Busch. Um dieses Prinzip auszumalen, muss man nur drei Fragen beantworten. Wie sicher ist es, dass tatsächlich Vögel in dem Busch sind? Wann kommen sie heraus, und wie viele werden es sein? Was ist der risikofreie Zinssatz (den wir immer mit der Rendite der langfristigen US-Bundesanleihen gleichsetzen)? Wenn man diese drei Fragen beantworten kann, kennt man den maximalen Wert des Busches – und die Anzahl Vögel, die maximal dafür geboten werden müssten. Und natürlich sollte man nicht in Vögeln denken. Man sollte in Dollars denken.

Aesops Investmentgrundsatz, so erweitert und in Dollar konvertiert, ist unumstößlich. Er passt auf Ausgaben für einen Bauernhof, auf Öllizenzgebühren, auf Anleihen, Aktien, Lotterielose und Fabriken. Und weder die Einführung der Dampfmaschine, die Nutzung der Elektrizität noch die Erfindung des Automobils haben die Formel auch nur um ein Jota verändert – und auch das Internet wird das nicht. Man muss nur die richtigen Zahlen einfügen, und schon kann man alle nur denkbaren Verwendungsmöglichkeiten von Kapital nach ihrer Attraktivität sortieren.

Geläufige Maßstäbe wie Dividendenrendite, Kursgewinn- oder Kursbuchwertverhältnis und sogar Wachstumsraten haben gar nichts mit Bewertung zu tun, außer dass sie Hinweise liefern auf die Höhe und das Timing von Geldflüssen in und aus dem Unternehmen. Ja, Wachstum kann sogar Wert zerstören, wenn es in den Anfangsjahren eines Projektes oder Unternehmens Geldzuflüsse benötigt, die höher sind als der Nettobarwert der Erträge, die die Anlagen in späteren Jahren erwirtschaften werden. Marktkommentatoren und Investment-Manager, die wortgewandt von „Wachstums"- und „Value"-Anlagestilen als gegensätzlichen Ansätzen reden, zeigen nur ihre Unkenntnis, nicht ihre Professionalität. Wachstum ist nur ein Faktor – manchmal ein positiver, manchmal ein negativer – in der Bewertungsgleichung.

Unglücklicherweise sind zwar Aesops Satz und die dritte Variable – die Zinsrate – einfach, aber die anderen beiden Variablen zu beziffern ist eine schwierige Aufgabe. Exakte Zahlen zu benutzen ist hier auch wirklich dumm; mit einer Reihe verschiedenen Alternativen zu arbeiten ist der bessere Ansatz.

Gewöhnlich muss diese Reihe so lang sein, dass keine brauchbare Schlussfolgerung mehr gezogen werden kann. Manchmal zeigen aber selbst sehr konservative Annahmen über das Auftauchen von Vögeln, dass der angebotene Preis im Vergleich zum Wert erschreckend niedrig ist. (Nennen wir dieses Phänomen „Theorie des ineffizienten Busches".) Natürlich braucht ein Investor ein allgemeines Verständnis von Betriebswirtschaft und auch die Fähigkeit, unabhängig zu denken, um zu einem wohlbegründeten positiven Schluss zu kommen. Aber ein Investor braucht weder Genialität noch Erleuchtungen.

Das andere Extrem sind die vielen Male, in denen auch die genialsten Investoren zu keinem Schluss kommen über die Zahl der Vögel, die auftauchen werden, selbst wenn eine sehr lange Reihe von alternativen Schätzungen untersucht wurde. Diese Unsicherheit gibt es oft, wenn neue Unternehmen in sich ständig verändernden Branchen analysiert werden. In solchen Fällen muss jedes finanzielle Engagement spekulativ genannt werden.

Nun ist es ja so, dass Spekulation – bei der der Fokus nicht darauf liegt, was eine Anlage erwirtschaftet, sondern was ein anderer bereit ist, dafür zu zahlen – weder illegal noch unmoralisch noch unamerikanisch ist.

Aber es ist ein Spiel, bei dem Charlie und ich nicht mitspielen mögen. Wenn wir keinen Beitrag leisten, warum sollten wir etwas bekommen?

Die Grenze zwischen Investition und Spekulation, die nie klar und deutlich ist, wird noch mehr verwischt, wenn die meisten Marktteilnehmer kürzlich Triumphe gefeiert haben. Nichts schläfert die Vernunft mehr ein als große Dosen von unverdient verdientem Geld. Nach einer berauschenden Erfahrung dieser Art driften auch normalerweise vernünftige Menschen in ein Verhalten, das dem von Cinderella auf dem Ball ähnelt. Sie wissen, dass um Mitternacht sich die Kutsche in Kürbis und Mäuse zurückverwandelt, d.h. sie spekulieren weiter mit Unternehmen, die gigantische Bewertungen haben, relativ zu den Erträgen, die sie in der Zukunft wahrscheinlich erwirtschaften können. Aber sie wollen trotzdem keine Minute von dem wundervollen Ball verpassen. Deshalb planen alle, trunken wie sie sind, erst Sekunden vor Mitternacht zu gehen. Es gibt nur ein Problem: Sie tanzen in einem Raum, in dem die Uhren keine Zeiger haben.

Letztes Jahr habe ich die vorherrschende Übertreibung – ja, sie war irrational – kommentiert und gesagt, dass die Erwartungen der Investoren auf ein Vielfaches der zu erwartenden Ergebnisse angewachsen waren. Ein Beweisstück kam aus einer Paine-Webber-Gallup-Investorenstudie, die im Dezember 1999 durchgeführt worden war, bei der die Teilnehmer nach der Höhe der jährlichen Rendite gefragt worden waren, die Investoren über das nächste Jahrzehnt erwarten könnten. Die Antwort lag im Schnitt bei 19%. Dass war sicher eine irrationale Erwartung: Für alle amerikanischen Unternehmen konnten 2009 sicher nicht genug Vögel für solch eine Rendite im Busch sein.

Noch irrationaler waren die riesigen Bewertungen, die die Marktteilnehmer damals Unternehmen zugestanden, die mit größter Wahrscheinlichkeit von nur geringem oder gar keinem Wert sein würden. Investoren, hypnotisiert von kletternden Aktienkursen und alles andere ignorierend, strömten zu solchen Unternehmen. Es war, als ob ein Virus, der unter Fachleuten wie Laien grassierte, Halluzinationen hervorrief, bei denen der Wert der Aktien in bestimmten Branchen vom Wert der dazugehörigen Unternehmen abgekoppelt wurde.

Diese surreale Szene wurde von jeder Menge Gerede über „Wertschöpfung" begleitet. Wir sind die Ersten, die anerkennen, dass im letzten Jahrzehnt eine enorme Masse an Wert von unseren neuen oder jungen Unternehmen geschaffen wurde und dass hier noch viel mehr passieren wird. Aber Wert wird von jedem Unternehmen zerstört, nicht geschaffen, das sein Leben lang Geld verliert, egal wie hoch seine Bewertung zwischenzeitlich gewesen sein mag.

In diesen Fällen gibt es vielmehr Vermögensverschiebungen, oft in massiven Proportionen. Durch die schamlose Vermarktung von vogelfreien Büschen sind in den letzten Jahren Milliarden Dollars in die Taschen der Verkäufer (und ihrer Freunde und Partner) geflossen. Es ist eine Tatsache, dass ein aufgeblähter Markt die Schaffung von aufgeblähten Unternehmen ermöglicht hat, Gebilde, die eher dazu ausgelegt waren, aus Investoren Geld zu machen als für Investoren. Zu oft war der Börsengang, nicht Gewinn das eigentliche Ziel der Unternehmensführung. Im Grunde ist das Geschäftsmodell dieser Unternehmen der altmodische Kettenbrief, für den viele Investmentbanker, hungrig nach Gebühren, den eifrigen Postboten gespielt haben.

Aber für jeden Ballon liegt eine Nadel bereit. Und wenn die beiden sich schließlich treffen, lernt eine neue Generation Investoren einige sehr alte Regeln:

1. An der Wall Street – an der Qualitätskontrolle nicht groß geschrieben wird – wird den Investoren alles verkauft, was sie kaufen wollen.

2. Spekulieren ist am gefährlichsten, wenn es am einfachsten ausschaut.

Bei Berkshire versuchen wir nie, die paar Gewinner aus einem Ozean von unerprobten Unternehmen herauszufischen. Dafür sind wir nicht clever genug, und das wissen wir. Stattdessen versuchen wir Aesops 2.600 Jahre alte Gleichung auf Gelegenheiten anzuwenden, von denen wir ziemlich gut einschätzen können, wie viele Vögel im Busch sitzen und wann sie herauskommen werden. (Eine Gleichung, die meine Enkel wahrscheinlich mit „Ein Mädchen im Cabrio ist besser als 5 im Telefonbuch" übersetzen wür-

den.) Natürlich können wir das Timing von Kapitalflüssen in und aus einem Unternehmen nie genau vorhersagen. Deshalb versuchen wir, konservative Prognosen zu machen und uns auf Branchen zu beschränken, in denen Überraschungen nicht viel Verwüstungen für die Eigentümer anrichten können. Trotzdem machen wir viele Fehler: Wissen Sie noch, ich war derjenige, der dachte, er würde das Geschäft von Rabattmarken, Bekleidung, Schuhen und zweitklassigen Kaufhäusern verstehen ..."

1.5 Allgemeine Unternehmensbeurteilung

Orientieren Sie sich an der Vorgehensweise der weltbesten Investoren, um so zu „Ihrer" Strategie zu finden. Legen Sie Wert auf einen systematischen Ansatz. Sie müssen das Rad nicht neu erfinden, sondern können sich vielmehr die Grundsätze der besten Investoren aneignen.

Wir zeigen Ihnen eine Systematik, die nach klar definierten Kriterien arbeitet und die über einen langen Zeitraum mit hohen Renditen aufwarten konnte.

Zu diesem Zweck benötigen Sie messbare und klare Kriterien. Viele der großen Investoren unterziehen die in Frage kommenden Gesellschaften zunächst aber einer ersten allgemeinen Unternehmensbeurteilung. Erst im 2. Schritt gehen sie dazu über, die ausgewählten Unternehmen im Detail zu durchleuchten.

Buffett beschrieb in einem plastischen Beispiel, welche Eigenschaften für ihn eine märchenhafte Aktie hat.

„... herrliche Burgen, die von tiefen, unüberwindbaren Gräben umgeben sind und in denen ein aufrechter, ehrlicher Burgherr wohnt. Am besten ist es, die Burg bezieht Stärke von dem Genie, das in ihr wohnt; der Burggraben ist zuverlässig und eine wirksame Abschreckung für alle, die einen Angriff im Schilde führen; der Burgherr häuft Gold an, aber behält nicht alles für sich. Frei übersetzt: Wir bevorzugen große Unternehmen, die eine dominante Stellung innehaben und deren Markenprofil schwer zu kopieren und von außerordentlicher Konstanz oder Zuverlässigkeit ist."

Buffett, Berkshire-HV 1995

1.5.1 Fragen zur allgemeinen Unternehmensbeurteilung

❏ Ist das Unternehmen einfach zu verstehen, hat es eine beständige Firmengeschichte?
❏ Werden die Produkte dringend benötigt, gibt es keinen direkten Ersatz?
❏ Gibt es wenig Restriktionen, sodass das Unternehmen einfach expandieren kann? Ist die Produktion einfach ausdehnbar?
❏ Sind die Produkte eindeutig von den Konkurrenzprodukten zu unterscheiden?
❏ Verfügt das Unternehmen über eine monopolartige Stellung?

Buffett sagte einmal sinngemäß:

„Wenn Sie mir 1 Mrd $ geben würden, um damit die Marktstellung der Washington Post anzugreifen, würde ich Ihnen das Geld zurückgeben."

❏ Hat das Unternehmen noch Wachstumspotenzial? Wird die Nachfrage noch genügend wachsen?
❏ Hat das Unternehmen eine weitgehende Freiheit in der Preisgestaltung?

Sie werden nicht sehr viele Unternehmen finden, bei denen Sie alle diese Fragen mit einem deutlichen „Ja" beantworten können. Es handelt sich dabei meistens um Ihnen bereits sehr vertraute Unternehmen.

Denken Sie an Unternehmen wie Walt Disney. Man hat festgestellt, dass Schneewittchen alle 7 Jahre neu herausgebracht werden kann – und die Menschen kaufen es wieder.

Oder denken Sie an das Lieblingsunternehmen von Warren Buffett, Coca-Cola.

„Bei jedem Unternehmen spielen eine Unmenge möglicher Faktoren eine Rolle, die in einer Woche, einem Monat, einem Jahr oder noch später aktuell werden können. Aber das eigentlich Wichtige ist, auf das richtige Unternehmen zu setzen. Das klassische Beispiel: Coca-Cola ging 1919 an die Börse. Am Anfang betrug der Kurs 40 $ pro Aktie. Im darauf folgendem Jahr fiel er auf 19 $. Der Zuckerpreis hatte sich nach dem Ersten Weltkrieg drastisch verändert. Hätten Sie die Aktien also zum Zeitpunkt der Erstemission erworben, hätten Sie ein Jahr später die Hälfte Ihres Geldes ver-

loren; würden Sie diese eine Aktie aber heute noch besitzen – und hätten Sie alle Dividenden wieder investiert –, hätten Sie heute 1,8 Mio $! Wir haben Wirtschaftskrisen erlebt. Wir haben Kriege erlebt. Der Zuckerpreis geht mal nach oben, mal nach unten. Es ist viel passiert. Ist es nicht wirklich viel sinnvoller, darüber nachzudenken, ob sich ein Produkt aller Voraussicht nach halten kann und wirtschaftlich bleibt, als sich ständig die Frage zu stellen, ob man eine Aktie schnell kaufen und dann schnell wieder verkaufen sollte?"

Warren Buffet, HV-Bericht Berkshire Hathaway 1992

1.5.2 Die Macht der Marken – Das Branding

Versetzen Sie sich einmal in das Jahr 1994 und überlegen Sie, was Sie geantwortet hätten, wenn man Sie gefragt hätte: „Welche sind die 10 besten Unternehmen der Welt? Welche Unternehmen würden Sie wählen, wenn Sie verpflichtet wären, diese über 10 Jahre zu behalten?" Berücksichtigen Sie bei Ihrer Entscheidung die Position des Unternehmens im Jahre 1994, die Vergangenheit des Unternehmens vor 1994 sowie die von Ihnen angenommene zukünftige Entwicklung des Unternehmens. Ohne über betriebswirtschaftliche Kenntnisse zu verfügen, geschweige denn jemals eine Bilanz gelesen zu haben, würden Sie alleine mit Ihrem gesunden Menschenverstand auf Unternehmen wie Coca-Cola, Microsoft oder Walt Disney kommen.

Sie werden automatisch auf starke Marken stoßen. Oder schauen Sie sich die Gabentische der Kinder zu Weihnachten oder Geburtstagen an. Letztes Jahr wurde meine jüngste Tochter eingeschult. Die Kinder waren natürlich ganz besonders stolz auf ihre neue Ranzen und Schultüten. Bei dieser Gelegenheit konnte ich auch die Inhalte einiger Schultüten erspähen. Bis auf die Größe und Füllmenge der Tüten hat sich in den letzten 35 Jahren nicht viel verändert. Neben pädagogisch wertvollen Geschenken sind in den Tüten auch allerhand wirklich „nützliche" Dinge zu finden. Ich sah bei vielen Mädchen Barbies oder Barbie-Zubehör in den Tüten.

Mit diesen Puppen spielten zu meiner Schulzeit auch schon die Kinder, und ich bin sicher, dass sie es in 25 Jahren noch tun werden. Die Puppen werden von Mattel hergestellt, dem Unternehmen, zu dem auch die Marken Fisher Price, Matchbox-Autos, Polly Pocket oder Othello gehören

– alles uns sehr vertraute Marken. Bei dem Anblick der Barbies (Matell), Smarties (Nestlé) oder Kaugummis (Wrigley) etc. wird das für einen Value-Investor so wichtige Thema wieder bewusst. Die Macht der Marken – oder wie die Amerikaner sagen, das „Branding". Im späteren Leben prägen uns dann andere Marken, denken Sie an die Rasierklingen von Gillette, das Marlboro-Männchen, Nescafé etc.

Was macht eigentlich eine erfolgreiche und fast zeitlose Marke aus? Sie ist so in unseren Köpfen „eingebrannt" – meist von Kindheit an –, dass sie nur sehr schwer durch andere Produkte verdrängt werden kann. Coca-Cola ist die wertvollste Marke der Welt. Nahezu jeder, und sei es in den abgelegensten Teilen der Welt, kennt die Farben von Coca-Cola. Wussten Sie, dass die Farben des Nikolaus' ursprünglich Braun-Weiß waren? Erst seit einem Werbefeldzug von Coca-Cola sind es Rot-Weiß.

Halten Sie nach Unternehmen mit starken Marken Ausschau. Sie werden viele, viele Unternehmen finden, deren Produkte Sie schon durch Ihr gesamtes Leben begleitet haben. Beiersdorf mit dem Körperpflegeprodukt Nivea, Hilti … (Kein Handwerker sagt: *„Gib mir mal einen Bohrhammer"*, sondern es heißt: *„Gib mir mal die Hilti" …*), Heinz Ketchup, Johnson & Johnson mit der Penaten Creme, Procter & Gamble mit den Pampers-Windeln, Nestlé mit einem Sammelsurium weltbekannter Marken, Unilever mit Knorr und anderen Marken, L'Oréal mit den bekannten Kosmetikartikeln, McDonald's, Altria mit Marlboro u. v. a. m.

Es gibt auch andere sehr gute, monopolartige Unternehmen, zum Beispiel Microsoft. Nahezu alle PCs laufen heute unter Windows, aber ob das in 25 Jahren auch noch so sein wird, kann Ihnen keiner sagen. Dass in 25 Jahren noch Coca-Cola getrunken wird, ist da schon sehr viel sicherer.

Bei guten Marken spielt die Preisgestaltung oftmals keine oder nur eine untergeordnete Rolle. Wenn Sie Coca-Cola trinken, dann werden Sie die Marke nicht wechseln, weil sich der Preis für eine Flasche erhöhte. Niemand schenkt seiner Geliebten zum Valentinstag Pralinen und sagt: *„Liebling, ich hab dir ein Kilo Pralinen mitgebracht. Ich hab die billigsten genommen."*

„Wenn man See's Candy sein Eigen nennt, in den Spiegel schaut und fragt: ‚Spieglein, Spieglein an der Wand, wie viel verlang ich diesmal für die Süßigkeiten im Land?', und die Antwort lautet: ‚Mehr', dann weiß man, dass man ein gutes Unternehmen hat."

Jim Rasmussen 1994 in *Omaha World-Herald*

Wenn Sie auf die Marken achten, die Sie schon sehr lange kennen und von deren führender Marktposition Sie auch in Zukunft überzeugt sind, dann haben Sie bereits sehr gute Unternehmen herausgefiltert.

Nicht umsonst legen die erfolgreichsten Investoren so viel Wert auf die Marke – auf das Branding. Wenn Sie dann noch aufgrund der allgemein schwachen Lage an den Märkten oder wegen vorübergehender Probleme bekannte Markenunternehmen zu günstigen Preisen kaufen können, dann sollte einem guten Investment nichts mehr im Wege stehen.

Interbrand veröffentlicht jedes Jahr ein Ranking über die weltweit wertvollsten Marken:

Die weltweit wertvollsten Marken

Rang	Unternehmen	Markenwert in Mrd $	Land
1	Coca-Cola	70,453	USA
2	Microsoft	65,174	USA
3	IBM	51,767	USA
4	GE	42,340	USA
5	Intel	31,112	USA
6	Nokia	29,440	Finnland
7	Disney	28,036	USA
8	McDonald's	24,699	USA
9	Marlboro	22,183	USA
10	Mercedes	21,371	Deutschland
11	Toyota	20,784	Japan
12	Hewlett-Packard	19,860	USA
13	Citibank	18,571	USA
14	Ford	17,066	USA

Rang	Unternehmen	Markenwert in Mrd $	Land
15	American Express	16,833	USA
16	Gillette	15,978	USA
17	Cisco	15,789	USA
18	Honda	15,625	Japan
19	BMW	15,106	Deutschland
20	Sony	13,153	Japan
21	Nescafé	12,336	Schweiz
22	Budweiser	11,894	USA
23	Pepsi	11,777	USA
24	Oracle	11,263	USA
25	Samsung Electronics	10,846	Südkorea
26	Morgan Stanley	10,691	USA
27	Merrill Lynch	10,521	USA
28	Pfizer	10,455	USA
29	Dell	10,367	USA
30	Merck	9,407	USA
31	JPMorgan	9,120	USA
32	Nintendo	8,190	Japan
33	Nike	8,167	USA
34	Kodak	7,826	USA
35	SAP	7,714	Deutschland
36	Gap	7,688	USA
37	HSBC	7,565	Großbritannien

Rang	Unternehmen	Markenwert in Mrd $	Land
38	Kellogg's	7,438	USA
39	Canon	7,192	Japan
40	Heinz	7,097	USA
41	Goldman Sachs	7,039	USA
42	Volkswagen	6,938	Deutschland
43	IKEA	6,918	Schweden
44	Harley-Davidson	6,775	USA
45	Louis Vuitton	6,708	Frankreich
46	MTV	6,278	USA
47	L'Oréal	5,600	Frankreich
48	Xerox	5,578	USA
49	KFC	5,576	USA
50	Apple	5,554	USA
51	Pizza Hut	5,312	USA
52	Accenture	5,301	USA
53	Gucci	5,100	Italien
54	Kleenex	5,057	USA
55	Wrigley's	5,057	USA
56	Colgate	4,686	USA
57	Avon	4,631	USA
58	Sun Microsystems	4,465	USA
59	Philips	4,464	Niederlande
60	Nestlé	4,460	Schweiz

Rang	Unternehmen	Markenwert in Mrd $	Land
61	Chanel	4,315	Frankreich
62	Danone	4,237	Frankreich
63	Kraft	4,171	USA
64	AOL	3,961	USA
65	Yahoo!	3,895	USA
66	Time	3,784	USA
67	adidas	3,679	Deutschland
68	Rolex	3,673	Schweiz
69	BP	3,582	Großbritannien
70	Tiffany & Co.	3,540	USA
71	Duracell	3,438	USA
72	Bacardi	3,431	Bermuda
73	Hermes	3,416	Frankreich
74	Amazon.com	3,403	USA
75	Caterpillar	3,363	USA
76	Reuters	3,300	Großbritannien
77	Levi's	3,298	USA
78	Hertz	3,288	USA
79	Panasonic	3,257	Japan
80	Ericsson	3,153	Schweden
81	Motorola	3,103	USA
82	Henessey	2,996	Frankreich
83	Shell	2,983	Niederlande

Rang	Unternehmen	Markenwert in Mrd $	Land
84	Boeing	2,864	USA
85	Smirnoff	2,806	Großbritannien
86	Johnson & Johnson	2,706	USA
87	Prada	2,535	Italien
88	Moet & Chandon	2,524	Frankreich
89	Nissan	2,495	Japan
90	Heineken	2,431	Niederlande
91	Mobil	2,407	USA
92	Nivea	2,221	Deutschland
93	Starbucks	2,136	USA
94	Burger King	2,121	USA
95	Ralph Lauren Polo	2,048	USA
96	FedEx	2,032	USA
97	Barbie	1,873	USA
98	Wall Street Journal	1,763	USA
99	Johnnie Walker	1,724	Großbritannien
100	Jack Daniel's	1,612	USA

Quelle: *Interbrand's annual ranking 2003 of 100 of the world's most valuable brands*

1.5.3 Ehrliches Management

In der vergangenen Zeit wurden wir durch die Tagespresse immer wieder über „Bilanzfälschungen" und Manipulationen informiert. Der Ausdruck „Vertrauenskrise" fiel immer häufiger. Das Ansehen der hochdotierten Manager und Konzern-Chefs wurde stark in Mitleidenschaft gezogen.

Dabei geht es nicht nur um die kriminellen Vorgehensweisen wie beispielsweise bei Enron, sondern auch um die legalen Bilanzierungstechniken, die Vorstände nutzten, um die gemeldeten Gewinne höher erscheinen zu lassen.

Was zeichnet ein offenes und ehrliches Management aus? Und noch viel wichtiger: Wie können Sie als Investor feststellen, ob das Management, dem Sie ihr Geld anvertrauen, auch wirklich vertrauenswürdig ist.

Zunächst kommt es natürlich auf die wirtschaftliche Gesundheit des Unternehmens an. Ein gutes Management wird einerseits auch einen lahmenden Gaul nicht zu einem Rennpferd machen. Andererseits wird ein sehr gutes Unternehmen auch von einem mittelmäßigen und schlechten Management einigermaßen Gewinn bringend geführt werden können. In erster Linie sollten Sie auf die wirtschaftliche Stärke eines Unternehmens schauen. Es sollte das ihm anvertraute Kapital rentabel einsetzen und somit eine hohe, über viele Jahre hinweg beständige oder gar steigende Eigenkapitalrendite bei geringen Schulden erzielen können.

Wenn ein Unternehmen einen Gewinn erwirtschaftet, steht es vor der Frage, die Gewinne an die Aktionäre in Form einer Dividende auszuschütten oder die Gewinne im Unternehmen zu belassen. Für Sie als Investor ist das Einbehalten nur dann sinnvoll, wenn die Manager damit eine höhere Rendite erzielen können, als Sie dies alternativ dazu außerhalb des Unternehmens selber tun könnten. Betrachten Sie dazu die einbehaltenen Gewinne. Sie erhalten diese, wenn Sie von den Gewinnen pro Aktie die ausgeschüttete Dividende abziehen.

Der zweite Punkt neben der fachlichen Qualität des Managements ist die Ehrlichkeit der Vorstände. Das ist die wichtigste Eigenschaft eines Managers. Ehrliche Vorstände handeln nicht wie „Manager", sondern wie „Unternehmer". Manager verwalten fremdes Geld   Unternehmer handeln hingegen wie Eigentümer.

Achten Sie auf die Art und Weise, wie die Vorstände Ihnen als Aktionär berichten. Berichten sie nur von Erfolgen, oder gestehen sie auch Misserfolge ein? Schwimmen die Vorstände auch mal gegen den Strom, oder ahmen sie nur das gerade Populäre nach? Sind die Gewinnprognosen, die das Unternehmen veröffentlicht, eher konservativ gehalten?

Ein weiterer Aspekt ist die Kompetenz der Manager. Oftmals erlangen Manager ihre Spitzenposition aufgrund sehr guter Leistungen in anderen Bereichen. Diese Manager müssen sich dann auf Berater verlassen.

Über die Diskussion veränderter Bilanzierungsstandards sagte Alan Greenspan sinngemäß: *„CEOs brauchen keine unabhängigen Direktoren, Aufsichtskomitees oder Wirtschaftsprüfer, die absolut frei von jedem Interessenskonflikt sind. Sie müssen einfach nur das tun, was richtig ist. Die Einstellungen und die Taten der CEOs sind es, was die Unternehmensführung ausmacht. "*

Es werden ehrliche Manager benötigt, die ihre Aufgabe in der Vermehrung des Aktionärsvermögens sehen – nicht im Aufbau von Imperien.

1.6 Überprüfung der messbaren Qualitäts- kriterien

In der ersten – auch ein wenig subjektiven – allgemeinen Unternehmensbeurteilung treffen wir grundsätzliche Aussagen über die Qualität der Unternehmen. Es wird immer wieder vorkommen, dass ein sich in Ihrem Fokus befindendes Unternehmen nicht alle Qualitätskriterien zu 100% erfüllt.

Die Kriterien sollten jedoch weitestgehend erfüllt sein, und Sie sollten bei stärkeren Abweichungen nach plausiblen Gründen suchen. Wenn Sie sich Ihrer Sache nicht ganz sicher sind, dann lassen Sie das Unternehmen weg und suchen nach Alternativen.

Im nächsten Schritt entwickeln wir konkret messbare Unternehmenskennzahlen. Diese ermöglichen Ihnen ein Vergleichen mehrerer Aktien untereinander. Mit etwas Übung wird es Ihnen gelingen, schnell einen groben Überblick über den Zustand eines Unternehmens zu erlangen. Die „Aktien-Analyse" bietet Ihnen diese Zahlen für alle Unternehmen jeweils an der gleichen Stelle.

Im Jahresbericht 1987 von Berkshire Hathaway schreibt Warren Buffett:

„Gute Geschäfts- oder Anlage-Entscheidungen bringen zufrieden stellende wirtschaftliche Erträge ohne Zuhilfenahme von Kreditfinanzierung. Unternehmen können durch Erhöhung des Fremdkapitals ihre Kapitalerträge beschönigen, deshalb suchen wir Unternehmen mit hoher Eigenkapitalrendite bei gleichzeitig niedrigem Verschuldungsgrad."

1.6.1 Eigenkapitalquote und Verschuldungsgrad

Den prozentualen Anteil des Eigenkapitals an der Bilanzsumme nennt man Eigenkapitalquote.

$$\text{Eigenkapitalquote [\%]} = \frac{\text{Eigenkapital}}{\text{Bilanzsumme}} \times 100$$

Zur Erläuterung: Wenn ein Unternehmen Wirtschaftsgüter und andere Vermögensgegenstände im Wert von 10 Mio € und Schulden von 5 Mio € besitzt, hat es eine Eigenkapitalquote von 50%. Wir wollen eine möglichst hohe **Eigenkapitalquote**. Sie sollte **mindestens 30%** betragen. Die Eigenkapitalquote finden Sie im Zahlenblock der einzelnen Aktien-Analysen.

1.6.2 Eigenkapitalrendite

Die Eigenkapitalrendite ist der Ertrag des investierten Eigenkapitals.

$$\text{Eigenkapitalrendite [\%]} = \frac{\text{Gewinn}}{\text{Eigenkapital}} \times 100$$

Hierbei teilt man den Jahresgewinn durch das Eigenkapital. So erfährt man, wie sich das Eigenkapital des Unternehmens verzinst. Auch diese Kennziffer können Sie direkt im Zahlenblock der „Aktien-Analyse" ablesen.

Die Eigenkapitalrendite soll etwa 25% betragen. Auch die durchschnittliche **Eigenkapitalrendite** der letzten Jahre sollte **über 25%** liegen. Am besten ist es, wenn die Eigenkapitalrendite im Laufe der Jahre ansteigt.

1.6.3 Gewinnwachstum

Die zukünftigen Gewinne bestimmen den Wert der Aktie. Die Gewinne des Unternehmens sollten stetig wachsen. Gute Unternehmen schaffen das. Wir gehen sogar noch weiter: Die **Wachstumsrate** sollte **über 10%** liegen – auch im Durchschnitt der letzten 10 Jahre! Außerdem sollte das Gewinnwachstum möglichst kontinuierlich sein.

Bei dem Wachstumsdurchschnitt sollten Sie den geometrischen Wachstumsdurchschnitt verwenden, da er den Zinseszinseffekt berücksichtigt. Dazu müssen Sie die Wurzel ziehen (statt dividieren).

$$\text{Gewinnwachstum [\%]} = \frac{\text{Jahresgewinn} - \text{Vorahresgewinn}}{\text{Vorahresgewinn}} \times 100$$

Beispiel:
Der Gewinn eines Unternehmens betrug 100 Mio € im Jahre 1988 und wuchs in den nächsten 10 Jahren auf 350 Mio € an. Insgesamt ist das also ein Faktor von 3,5. In diesem Fall zieht man die 10. Wurzel aus 3,5 (Sie teilen also nicht durch 10, das wäre das arithmetische Mittel.) Der geometrische Wachstumsdurchschnitt beträgt in diesem Fall 13,33% p. a.

$$\text{Geometrisches Wachstum [\%]} = \left(\frac{350}{100}\right)^{\left(\frac{1}{10}\right)} = 1{,}133$$

Wenn Sie den Gewinn von 100 Mio € 10-mal um 13,33% steigern, dann erhalten Sie im 10. Jahr einen Wert von 350 Mio €.

1.6.4 Dividenden und einbehaltene Gewinne

Wenn ein Unternehmen einen Gewinn erwirtschaftet, steht es vor der Frage, die Gewinne an die Aktionäre in Form einer Dividende auszuschütten oder sie im Unternehmen zu belassen.

Wir suchen nach Unternehmen, die ihre Gewinne einbehalten und damit einen deutlichen Mehrwert schaffen. Wir achten darauf, dass Unternehmen **50% oder mehr** ihrer **Gewinne einbehalten.** Das zeigt das Vertrauen des Managements, mit den einbehaltenen Gewinnen eine gute Rendite erzielen zu können.

$$\text{Einbehaltene Gewinne [\%]} = 100 - \frac{\text{Dividende pro Aktien}}{\text{Gewinn pro Aktie}} \times 100$$

1.6.5 Umsatzrendite

Die Umsatzrendite gibt an, wie viel von jedem Euro (oder jedem Dollar) Umsatz als Gewinn beim Unternehmen verbleibt. Sie wird definiert als Gewinn nach Steuern in Prozent des Umsatzes. Je höher sie ist, desto stärker ist die Marktstellung der Unternehmung und desto eher können Kostenerhöhungen oder Preissenkungen verkraftet werden.

Die **Umsatzrendite** sollte **mindestens 10%** betragen und über die Jahre anwachsen.

$$\text{Umsatzrendite } [\%] = \frac{\text{Gewinn}}{\text{Umsatz}} \times 100$$

1.6.6 Rendite der einbehaltenen Gewinne

Wir wollen auch wissen, wie sich die einbehaltenen Gewinne verzinst haben. Oder anders ausgedrückt: Was hat das Management aus den einbehaltenen Gewinnen an zusätzlichem Wert (Value) geschaffen? Das Management sollte nur dann Gewinne einbehalten, wenn es in der Lage ist, bei einer Re-Investition eine höhere Rendite zu erwirtschaften, als es die Aktionäre außerhalb des Unternehmens tun könnten.

Jede einbehaltene Einheit soll sich in den 10 Folgejahren mit durchschnittlich **mindestens 15%** verzinst haben.

Beispiel:
Im Jahr 1994 erwirtschaftete ein Unternehmen den Gewinn von 0,02 € pro Aktie. Es erzielte über den Zeitraum von 1994 bis Ende 2004 insgesamt 3,80 € Gewinn pro Aktie.

Aus diesen 3,80 € Gewinn schüttete die Gesellschaft insgesamt 0,80 € pro Aktie als Dividende aus. Über den genannten Zeitraum wurden also 3,00 € pro Aktie einbehalten und dem Eigenkapital hinzugefügt (3,80 − 0,80 = 3,00).

Das Unternehmen hat es geschafft, den Gewinn pro Aktie im Zeitraum von 1994 bis 2004 von 0,02 € auf 0,80 € anwachsen zu lassen. Wenn der Gewinn pro Aktie des Jahres 1994 (0,02) vom Gewinn je Aktie 2004 (0,80) subtrahiert wird, erhalten wir eine Differenz von 0,78 € je Aktie. Wir können daher davon ausgehen, dass der im Zeitraum von 1994 bis einschließlich 2004 einbehaltene Gewinn je Aktie von 3,00 € im Jahr 2003 zusätzliche 0,78 € Gewinn erzielte. Das bedeutet eine Gesamtrendite von 26% (0,78 / 3,00 = 0,26). Das Kriterium wäre in diesem Beispiel erfüllt.

1.6.7 Cash-Flow-Marge

Der Cash Flow bezeichnet den Zugang an flüssigen Mitteln aus dem Umsatzprozess und anderen Quellen innerhalb eines bestimmten Zeitraumes.

Durch die Cash-Flow-Analyse erhalten wir Aussagen über die Finanzkraft eines Unternehmens. Hierfür ist sie besser geeignet als eine Betrachtung des Gewinns, durch die bestimmte Finanzflüsse eher verschleiert als offen gelegt werden. Wir müssen also zur Betrachtung des Cash Flows einige „Korrekturen" am Gewinn vornehmen.

Die Cash-Flow-Marge gibt an, wie viele Finanzmittel (prozentual gesehen) das Unternehmen aus seinen Umsätzen generiert.

$$\text{Cash-Flow-Marge [\%]} = \frac{\text{Cash Flow}}{\text{Umsatz}} \times 100$$

Die **Cash-Flow-Marge** sollte **mindestens 15%,** besser 20% betragen und ebenfalls anwachsend verlaufen. Das sind sehr gute Cash-Flow-Margen. Es gab in den letzen Jahren auch genug Unternehmen, die Cash „auffraßen", also negative Cash-Flow-Margen hatten. Man nannte das in der „New Economy" die „Cash-Burn-Rate".

1.6.8 Sachinvestitionen

Unternehmen mit hohen Sachinvestitionen müssen einen großen Teil der Gewinne zum Beispiel in Maschinen investieren, nur um den Geschäftsbetrieb aufrechtzuerhalten. In inflationären Zeiten werden diese Unternehmen noch stärker getroffen.

Damit genügend Gewinn für weiteres Wachstum übrig bleibt, sollte der Anteil der **Sachinvestitionen nicht mehr als 40% vom Cash Flow** betragen. Wir achten also auf Unternehmen, die möglichst geringe Sachinvestitionen tätigen müssen. Das mag Sie überraschen, denn als Anleger investieren wir ja auch. Bei Unternehmen ist es uns aber lieber, wenn diese ihr Wachstum mit geringen Investitionen schaffen. Das macht diese Unternehmen weniger angreifbar und weniger anfällig.

$$\text{Sachinvestitionen vom Cash Flow [\%]} = \frac{\text{Sachinvestitionen}}{\text{Cash Flow}} \times 100$$

1.6.9 Netto-Cash-Flow

Das Cash-Flow-Wachstum ist ein gutes Mittel, um Unternehmen zu bewerten. Um aber das Problem hoher Investitionen zu berücksichtigen, werden von dem Cash Flow die Sachinvestitionen abgezogen, und wir erhalten einen Netto-Cash-Flow (NCF).

$$\text{Netto-Cash-Flow} = \text{Cash Flow} - \text{Sachinvestitionen}$$

Die messbaren Qualitätskriterien im Überblick

❑ Die Eigenkapitalrendite sollte ca. 25% oder mehr betragen.

❑ Die Eigenkapitalquote sollte ca. 30% oder mehr betragen.

❑ Die Gewinne sollten über 10% pro Jahr wachsen, auch im langjährigen Durchschnitt.

❑ Die einbehaltenen Gewinne sollten über 50% der Gesamtgewinne ausmachen.

❑ Die einbehaltenen Gewinne sollten sich in den 10 Folgejahren mit durchschnittlich mindestens 15% verzinst haben.

❑ Die Cash-Flow-Marge sollte mindestens 15%, besser 20% betragen.

❑ Die Umsatzrendite sollte mindestens 10% betragen und über die Jahre anwachsen.

❑ Der prozentuale Anteil der Sachinvestitionen sollte nicht mehr als 40% vom Cash Flow betragen.

1.7 Der Unternehmenswert

In den vorangegangenen Abschnitten haben Sie erfahren, wie Sie die Qualität bei Unternehmen identifizieren. Sie sind nun in der Lage, aus einer Vielzahl von Aktiengesellschaften die besten herauszufiltern. Das reicht aber noch nicht – Sie sollten auch möglichst wenig für diese hohe Qualität zahlen. Sie müssen deshalb den wahren, inneren Unternehmenswert bestimmen und daraus ableiten, wie viel Ihnen ein Unternehmen wohl in den nächsten Jahren als Rendite einbringen wird. Hierzu benötigen Sie eine Schätzung des zukünftigen wahren Unternehmenswerts.

Dazu sagte Warren Buffett auf der Hauptversammlung 1996 sinngemäß:

„Der innere Wert ist ein überaus wichtiges Konzept, dass als einziges einen logischen Ansatz für die relative Attraktivität von Investitionen und Unternehmen bietet. Der innere Wert kann einfach definiert werden: Es ist der abgezinste Wert der Barmittel, die dem Unternehmen während seiner verbleibenden Lebenszeit entnommen werden können."

Erst wenn der wahre, innere Wert des Unternehmens deutlich über dem aktuellen Marktwert, also dem an der Börse gehandelten Kurs liegt und auf längere Sicht eine deutlich überdurchschnittliche Rendite zu erwarten ist, gelangt dieses Unternehmen auf die Kaufliste. Wann die ermittelten Rendite-Erwartungen ein Kaufsignal darstellen und wann sie uns ein Halte- bzw. ein Ausstiegssignal liefern, wollen wir Ihnen im Folgenden aufzeigen.

Wenn wir eine begründete Erwartung über den zukünftigen wahren Unternehmenswert haben, können wir berechnen, wie stark der jetzige Unternehmenswert wachsen muss, um diesen zukünftigen Wert zu erreichen. Damit wissen wir auch, wie sich unsere Investition wahrscheinlich verzinsen wird.

Die hier vorgestellten Berechnungsmodelle helfen Ihnen, den inneren Wert eines Unternehmens einzuschätzen. Es sind relativ einfache Berechnungsmodelle.

„Wenn man Infinitesimalrechnung bräuchte, müsste ich wieder Zeitungen austragen. Ich habe noch nie festgestellt, dass Algebra notwendig wäre. Im Grunde versucht man, den Wert eines Unternehmens zu bestimmen.

Es ist richtig, dass man das Ergebnis durch die Anzahl der in Umlauf befindlichen Aktien teilen muss; dividieren muss man also können ... Ob man das Richtige gekauft hat oder nicht, hängt davon ab, wie viel Gewinn das Unternehmen in der Zukunft zu machen imstande ist und wie sich dieser Betrag zu dem verhält, den man für den Vermögenswert zahlen soll."

Warren Buffett, 1994

Da nur äußerst beständige Unternehmen gut planbar sind, können Sie auch nur bei diesen eine verlässliche Zukunftsprognose wagen. Ein Unternehmen, das in den letzten 10 Jahren mit einer großen Beständigkeit seine Gewinne jährlich um beispielsweise 15% steigern konnte, wird in Zukunft aller Wahrscheinlichkeit nach kontinuierlicher wachsen als eine Gesellschaft, die sich in der Vergangenheit sehr ungleichmäßig entwickelt hat.

1.7.1   Marktwert

Der Marktwert eines Unternehmens berechnet sich aus der Anzahl der Aktien multipliziert mit dem Kurs der Aktie. Der Marktwert wird auch Marktkapitalisierung genannt. Wenn Sie jetzt wissen wollen, wie sich der Kurs der Aktie entwickelt, müssen Sie wissen, ob das Unternehmen seinen Marktwert steigern kann. Wenn Sie sich Gedanken über den zukünftigen Unternehmenswert gemacht haben und zu einer Schätzgröße oder Prognose gelangt sind, können Sie daraus die Wertsteigerung Ihrer Aktie ableiten.

Es gibt letztlich keine allgemeingültige Formel für die Berechnung des inneren Wertes. Es gibt aber Methoden, die sich in der Vergangenheit als sehr gute Richtschnur erwiesen haben.

„Man muss etwas nicht zwingend zum billigstmöglichen Preis kaufen. Es muss nur zu einem Kurs angeboten werden, von dem Sie denken, dass er niedriger ist als der Wert des Unternehmens – und das muss von ehrlichen, fähigen Menschen geleitet werden. Aber wenn man sich für weniger als den derzeitigen Wert in eine Firma einkaufen kann und Vertrauen in die Leitung hat, und wenn man dann eine Gruppe von solchen Unternehmen kauft, verdient man höchstwahrscheinlich Geld."

Warren Buffett, 1994 im PBS

Im Folgenden werden wir die in unserer Methode angewendeten Verfahren erläutern. In einer Musteranalyse (siehe ab Seite 80) werden Sie an einem konkreten Beispiel Schritt für Schritt die Berechnungen nachvollziehen können.

Um bei der **Prognose des zukünftigen Unternehmenswertes** auf der sicheren Seite zu sein, wenden wir 3 verschiedene Verfahren an:

❑ Diskontmodell

❑ Zukünftiger Unternehmenswert auf Basis der Gewinne pro Aktie und des Kurs-Gewinn-Verhältnisses (KGV)

❑ Zukünftiger Unternehmenswert auf Basis der Eigenkapitalrendite und des Kurs-Gewinn-Verhältnisses (KGV)

Erst wenn alle 3 Verfahren zufrieden stellende Ergebnisse hervorbringen, bewerten wir dies als einen Einstiegszeitpunkt.

1.7.2 Zukünftiger Unternehmenswert, ermittelt mit dem Diskontmodell

Das Konzept, einen zukünftigen Geldfluss (Cash Flow) abzuzinsen, um zu einem Gegenwartswert zu kommen, ist ein Standardwerkzeug der Finanz- und Wirtschaftsanalyse. Sie finden diese Methode in der Literatur auch vielfach unter dem Begriff DCF-Methode (Discounted-Cash-Flow-Methode).

Empirische Untersuchungen bestätigen, dass zwischen den zukünftigen Marktwerten von Unternehmen und den nach der DCF-Methode berechneten Unternehmenswerten ein sehr großer Zusammenhang besteht, dass diese Methode also recht zuverlässig ist. Der wesentliche Gedanke besteht darin, dass Geld, das Sie in der Zukunft erhalten, heute weniger wert ist als Geld, das Sie jetzt schon haben (denn Sie könnten Ihr Geld heute auch verzinslich anlegen und hätten dann in der Zukunft mehr Geld). Als Teilhaber eines Unternehmens interessieren Sie sich vor allem dafür, was Ihr Unternehmen zukünftig erwirtschaftet, also welchen Cash Flow Ihr Unternehmen erzeugt.

Sehr plastisch beschreibt Timothy P. Vick in seinem Buch *„Geld verdienen mit Warren Buffett"* den Sachverhalt am Beispiel eines hypothetischen Haushalts. Sinngemäß sagt er:

„Würde ein Haushalt über 50 Jahre jedes Jahr 10.000 $ Gewinn erwirtschaften, so hätte ein Aktionär letztlich einen Teilanspruch auf einen Gesamtgewinn von 500.000 $. Allein durch die Inflation, die den Wert künftiger Gewinne aufzehrt, kommt der innere Wert des Haushaltes nicht annähernd an die 500.000 $ heran. Die Berücksichtigung der Inflationsrate allein reicht aber noch nicht aus. Sie müssen auch noch berücksichtigen, was Sie bei einer risikolosen Anlage Ihres Geldes anderweitig hätten erwirtschaften können.“

In den Erläuterungen zu den Qualitätskriterien haben wir bereits den „Netto-Cash-Flow" definiert (siehe Seite 67). Um das Problem hoher Investitionen zu berücksichtigen, werden vom Cash Flow die Sachinvestitionen abgezogen. Nun versuchen wir, den zukünftigen Netto-Cash-Flow des Unternehmens zu schätzen. Da es sich bei unseren Top-Unternehmen um sehr beständige Unternehmen handelt, verwenden wir den Netto-Cash-Flow des Vorjahres und versehen diesen mit der durchschnittlichen Wachstumsrate der letzten Jahre.

Beispiel:
Ein Unternehmen erzielte im letzten Jahr beispielsweise einen Netto-Cash-Flow von 1.000 €. In den letzten Jahren gelang es dieser Gesellschaft, den Netto-Cash-Flow jährlich um durchschnittlich 10% zu steigern. Wir würden in diesem Fall für das erste zu prognostizierende Jahr mit 1.100 Mio € Netto-Cash-Flow rechnen (1.000 plus 10%), im 2. Jahr mit 1.210 € (1.100 plus 10%) usw.

Nun müssen wir feststellen, was uns der so ermittelte zukünftige Cash Flow heute wert ist. Dazu diskontieren wir ihn.

Je höher der Zinssatz ist, desto schneller wächst Ihr Geld. Geld, das Sie jetzt haben, ist also bei einem hohen Zinssatz mehr wert als bei einem niedrigen. Und Geld, das Sie in der Zukunft bekommen, ist bei einem hohen Zinssatz relativ gesehen weniger wert als bei einem niedrigen.

Da Sie bei der Discounted-Cash-Flow-Methode immer mit dem zukünftigen Cash Flow der Unternehmen rechnen, hängt der Wert des Unternehmens sehr stark von der Wahl des Diskontierungssatzes ab. Eine hohe Diskontierungsrate bringt einen niedrigeren Unternehmenswert hervor, eine niedrige Diskontierungsrate einen hohen Unternehmenswert.

In unserem Modell haben wir als Diskontierungsrate die Rendite der US-Staatsanleihe mit 30-jähriger Laufzeit gewählt. Dies ist der jährliche Zinssatz, den Sie erhalten, wenn Sie Ihr Geld 30 Jahre risikolos anlegen. Sinken die Anleihenrenditen, steigt der Unternehmenswert und umgekehrt. Dies ist eine vergleichsweise niedrige Diskontrate (die zu einem vergleichsweise hohen Unternehmenswert führt). In der Literatur ist das umstritten, viele Analysten sind der Auffassung, dass man zu diesem Diskontierungssatz noch einen so genannten Risikozuschlag für das Unternehmensrisiko hinzurechnen sollte. Wir sind der Auffassung, dass wir diesen Risikozuschlag nicht benötigen, weil wir die Methode nur bei den sichersten Unternehmen der Welt anwenden.

Wir machen es damit übrigens genauso wie Warren Buffett: Wir eliminieren das finanzielle Risiko, das mit Schuldfinanzierung verbunden ist, indem Firmen mit hoher Verschuldung vom Kauf ausgeschlossen werden. Zweitens wird das Geschäftsrisiko reduziert, indem wir uns auf Unternehmen mit beständigen und vorhersehbaren Gewinnen konzentrieren.

„Viele Leute werden überrascht sein zu erfahren, dass Buffett einfach den Zinssatz der langfristigen US-Staatsanleihen und nichts anderes anwendet. Akademiker argumentieren, dass ein adäquaterer Diskontsatz der risikofreie Renditesatz plus einer Kapital-Risikoprämie wäre, die aufgrund der Ungewissheit des künftigen Unternehmens-Cash-Flows hinzugefügt wird. Obwohl Buffett zugibt, dass er bei der Anwendung des langfristigen Satzes schon vorsichtiger ist, wenn die Zinssätze fallen, fügt er seiner Formel keine Risikoprämie hinzu, aus dem einfachen Grund, weil er Risiko von vornherein weitestgehend vermeidet. Erstens eliminiert Buffett das finanzielle Risiko, das mit Schuldfinanzierung verbunden ist, indem er Firmen mit hoher Verschuldung vom Kauf ausschließt. Zweitens wird das Geschäftsrisiko reduziert, wenn nicht sogar eliminiert, indem er sich auf Firmen mit beständigen und vorhersehbaren Gewinnen konzentriert.“

Hagstrom, *Buffett, Sein Weg. Seine Methode. Seine Strategie.*

Das Ergebnis dieser Berechnung ist ein innerer Unternehmenswert. Beträgt der innere Wert deutlich mehr als der Marktwert, handelt es sich um ein wichtiges Kaufsignal. Viele Investoren sprechen hierbei von einer „Sicherheitsmarge".

Wir gehen bei der Ermittlung der Sicherheitsmargen davon aus, dass die Börse ein Unternehmen langfristig fair bewertet, der Marktwert sich also langfristig dem wahren, inneren Unternehmenswert annähert. Als zu prognostizierenden Zeithorizont wählen wir, wie viele Investoren, einen Zeitraum von 10 Jahren.

Dabei kommt es bei der Sicherheitsmarge gemäß diskontiertem Cash Flow nicht so sehr auf die absolute Größe an, sondern darauf, wie sich diese Marge bei dem einzelnen Unternehmen verändert. Bei Wachstumsunternehmen sollte die Marge möglichst hoch sein, weil hier hohe Erwartungen für die Zukunft mit hineinspielen, die nicht immer erfüllt werden.

Beispiel: Unternehmenswert-Berechnung mit diskontiertem Cash Flow

Aktueller Kurs einer Aktie	50,00 €
Anzahl der Aktien	600 Mio Stück
Marktwert: 50 x 600 Mio =	30.000 Mio €
Cash Flow	1.200 Mio €
abzgl. Sachinvestitionen	200 Mio €
Netto-Cash-Flow	1.000 Mio €
30-jährige US-Rendite	6%
gesch. Wachstumsrate NCF	12%
gesch. Wachstum ab dem 11. Jahr	5%

Jahr	Netto-Cash-Flow	Diskont-satz 6%	Diskontierter Netto-Cash-Flow
1	1.000	1,06	(= 1.000/1,06) 943
2	1.000 x 1,12 = 1.120	$1,06^2$	(= 1.120/1,062) 997
3	1.120 x 1,12 = 1.254	$1,06^3$	(= 1.254/1,063) 1.053
4	1.405	$1,06^4$	1.113
5	1.574	$1,06^5$	1.176
6	usw. 1.762	$1,06^6$	usw. 1.242
7	1.974	$1,06^7$	1.313
8	2.211	$1,06^8$	1.387
9	2.476	$1,06^9$	1.466
10	2.773	$1,06^{10}$	1.548
	2.773 x 1,05 = 2.912	$1,06^{10}$	12.238 Summe 27.100 Restwert 39.338

Sie diskontieren, indem sie den Netto-Cash-Flow eines jeden Jahres durch den Diskontfaktor dividieren. In unserem Fall würden Sie also im 1. Jahr die 1.000 Mio € durch 1,06 dividieren und einen diskontierten Netto-Cash-Flow von 943 Mio € erhalten. Im 2. Jahr berücksichtigen Sie eine Wachstumsrate von 12%, und somit erhalten Sie einen Netto-Cash-Flow von 1.120 Mio €.

Da Sie im 2. Jahr den Netto-Cash-Flow zweimal mit dem Faktor 1,06 diskontieren müssen, dividieren Sie nun die 1.120 Mio € durch 1,06 zum Quadrat ($1,06^2$), im 3. Jahr durch $1,06^3$ usw. In unserem Beispiel beträgt die Summe 12.238 Mio €.

Ab dem 10. Jahr werden gleich bleibende Netto-Cash-Flows angesetzt. Man nennt sie auch eine „ewige Rente". Je weiter eine Zahlung in der Zukunft liegt, desto stärker nähert sich der gegenwärtige Wert einer solchen Zahlung dem Wert Null.

Für die ewige Rente gibt es eine einfache Berechungsformel. Um den Wert der ewigen Rendite im 11. Jahr zu bestimmen, teilen wir den Netto-Cash-Flow des 11. Jahres durch den Zinssatz und diskontieren das Ergebnis (NCF_{11} / 0,06 / $1,06^{10}$). In diesem Fall würde der „Restwert" 27.100 Mio € betragen.

Der innere Wert des Unternehmens beträgt in unserem Beispiel 39.336 Mio €. Bei 600 Mio ausstehenden Aktien würde dies einem fairen Kurs pro Aktie von 65,56 € entsprechen. Das Unternehmen wäre **also unterbewertet**. Unsere rechnerische Sicherheitsmarge beträgt 15,56 €. In Prozenten ausgedrückt entspricht dies 31,12% (15,56 / 50 x 100).

31% ist sicherlich ein zufrieden stellendes Ergebnis. Dieses erste Signal wäre also erfüllt.

1.7.3 Zukünftiger Unternehmenswert auf Basis der Gewinne pro Aktie und des Kurs-Gewinn-Verhältnisses

Nehmen wir noch einmal die aktuellen Unternehmensgewinne (Gewinne pro Aktie, GpA) und wagen eine 10-Jahres-Prognose. Dazu ermitteln wir die durchschnittliche Wachstumsrate der Gewinne für die letzten 10 bzw. 5 Jahre. Mit dieser durchschnittlichen Wachstumsrate rechnen wir auch für die nächsten 10 Jahre. Als Ergebnis erhalten Sie eine Gewinnprognose für das 10. Jahr.

Vorsicht:
Dieses Modell ist nur bei großen, stabilen Unternehmen realistisch. Kleine Wachstumsunternehmen haben in den Anfangsjahren zum Teil extrem hohe Wachstumsraten, die sich dann schnell verlangsamen.

Jetzt benötigen Sie das Kurs-Gewinn-Verhältnis (KGV). Das Kurs-Gewinn-Verhältnis lässt sich einfach als Kurs der Aktien geteilt durch den Gewinn pro Aktie berechnen. Wenn zum Beispiel die Aktie eines Beispielunternehmens zu 50 € an der Börse notiert und die Gewinne pro Aktie 2,50 € betragen, hätte das Unternehmen ein aktuelles KGV von 20.

Alternativ können Sie den Marktwert des Unternehmens durch den Jahresgewinn teilen. Das KGV gibt an, wie oft der Gewinn pro Aktie im Aktienkurs enthalten ist.

Sie können sich auch fragen, welchen Preis (Kurs) Sie zahlen müssen, um einen bestimmten Gewinn zu erhalten. Niedrige Werte besagen, dass das Unternehmen vergleichsweise niedrig bewertet ist, bei einem hohen KGV ist das Unternehmen vergleichsweise hoch bewertet.

In den Unternehmens-Analysen der „Aktien-Analyse" können Sie die KGVs der Höchst- und Tiefstkurse der letzten 10 Jahre nachverfolgen.

Nehmen Sie nun das mittlere Kurs-Gewinn-Verhältnis (KGV) der letzten Jahre (arithmetische Mittel). Für das 10. Jahr schätzen Sie das Kurs-Gewinn-Verhältnis. Wenn Sie das durchschnittliche KGV der Vergangenheit nehmen, sind Sie auf der sicheren Seite.

Durch Ihre Schätzung haben Sie einen angenommenen Unternehmensgewinn in 10 Jahren ermittelt. Multiplizieren Sie diesen Gewinn im 10. Jahr mit dem prognostizierten KGV. Damit erhalten Sie eine begründete Annahme über den Unternehmenswert bzw. den Wert der Aktie in 10 Jahren.

Unter Berücksichtigung des Zinseszinses können wir nun eine zu erwartende durchschnittliche Kursrendite ermitteln. Wir haben einen heutigen und einen zukünftigen Unternehmenswert ermittelt. Wenn wir den zukünftigen durch den heutigen Unternehmenswert teilen, bekommen wir den Steigerungsfaktor.

Wenn zum Beispiel ein Unternehmen heute 100 Mio € und nach unserer Schätzung in 10 Jahren 800 Mio € wert ist, haben wir eine Steigerung des Unternehmenswertes von 8. Wenn wir aus der Zahl 8 die 10. Wurzel ziehen (geometrisches Mittel), bekommen wir die durchschnittlich erwartete jährliche Steigerungsrate. Das ist unsere erwartete Rendite aus Wertsteigerungen.

Beispiel:

Der Kurs einer Aktie beträgt derzeit 50 €, die geometrische Wachstumsrate der Gewinne pro Aktie (GpA) betrug über die letzten 10 Jahre 17%, auch im geometrischen 5-Jahres-Durchschnitt betrug sie etwa 17%. Das Unternehmen wurde in den vergangenen 10 Jahren mit einem durchschnittlichen KGV von 23 bewertet. Der aktuelle Gewinn pro Aktie beträgt 0,60 €.

Jahr	GpA$_{alt}$	Wachstumsrate	GpA$_{neu}$	KGV	Kurs
1	0,60	1,17	0,82		
2	0,82	1,17	0,96		
3	0,96	1,17	1,12		
4	1,12	1,17	1,31		
5	1,31	1,17	1,52		
6	1,52	1,17	1,80		
7	1,80	1,17	2,10		
8	2,10	1,17	2,46		
9	2,46	1,17	2,88		
10	2,88	1,17	3,36	23	77,28

Im 1. Jahr würden Sie die 0,60 € Gewinn pro Aktie mit einer Wachstumsrate von 17% versehen und so zu einem Gewinn pro Aktie von 0,82 € für
das 2. Jahr gelangen. Im 2. Jahr würden Sie mit 0,82 € weiterrechnen.

Der Gewinn pro Aktie (GpA) wächst unter den oben aufgeführten Voraussetzungen auf 3,36 € an. Multiplizieren wir nun diese Gewinne mit
einem KGV von 23 ergibt dies einen Kurs von 77,28 € pro Aktie im 10. Jahr
(3,36 x 23 = 77,28).

Unter Berücksichtigung des Zinseszinseffekts entspräche dies einer
jährlichen Kurssteigerung von 4,4%, bezogen auf den heutigen Kurs von
50 €. Wenn Sie 50 € 10-mal mit einen Faktor von 1,044 versehen, erhalten Sie 77,28 €. In einigen Jahren mehr, in anderen Jahren weniger.

Die zu erwartende jährliche Kurssteigerung beträgt 4,4% – sicherlich
kein besonders hoher Wert. Im vorgenannten Beispiel ist das Kriterium
nicht erfüllt.

1.7.4 Zukünftiger Unternehmenswert auf Basis der Eigenkapitalrendite und des Kurs-Gewinn-Verhältnisses

Bei der Berechnung des Unternehmenswertes auf der Basis der Eigenkapitalrendite ermitteln wir, wie das Eigenkapital des Unternehmens im Laufe der Zeit vermutlich wachsen wird und welche Rendite das Unternehmen bisher auf sein Eigenkapital erzielt hat. Damit können Sie einen Unternehmensgewinn für das 10. Jahr berechnen und mithilfe eines geschätzten KGV den Unternehmenswert bestimmen.

Nehmen Sie das aktuelle Eigenkapital pro Aktie und die durchschnittliche Eigenkapitalrendite. Aus Eigenkapital und Rendite können Sie die Gewinne berechnen. Sie sind einfach das Produkt aus diesen beiden Parametern. Hat das Unternehmen von seinen Gewinnen in der Vergangenheit einen bestimmten Teil einbehalten, dann wächst das Eigenkapital.

Sie können für das 10. Jahr einen neuen Unternehmenswert berechnen (entweder insgesamt oder pro Aktie), indem Sie aus dem neuen (im Laufe der Jahre gestiegenen) Eigenkapital und der Eigenkapitalrendite einen Gewinn ableiten (Gewinn = Eigenkapital x Eigenkapitalrendite).

Aus dem neuen Gewinn und dem durchschnittlichen KGV erhalten Sie den neuen Unternehmenswert. Wenn Sie nun den neuen durch den alten Unternehmenswert teilen, erhalten Sie den Steigerungsfaktor. Aus diesem ziehen Sie die 10. Wurzel und erhalten die Steigerungsrate.

Beispiel:

Der Eigenkapitalwert einer Aktie beträgt 2 € (Eigenkapital des Unternehmens / Aktienanzahl = Eigenkapital je Aktie) bei einem Aktienkurs von 50 €.

Dem Unternehmen gelingt es, die durchschnittliche Eigenkapitalrendite der Vergangenheit von 30% auch in der Zukunft beizubehalten. Zusätzlich werden, wie auch in der Vergangenheit, 60% der Gewinne einbehalten und können dem Eigenkapital zugeführt werden. Unter diesen Vorraussetzungen steigt der Wert des Eigenkapitals je Aktie im 10. Jahr auf 10,47 € an.

Jahr	EK je Aktie$_{alt}$	Gewinne je Aktie, EK-Rendite (30%)	Einbehaltene Gewinne (60%)	EK je Aktie$_{neu}$
1	2,00	0,60	0,36	2,36
2	2,36	0,71	0,42	2,78
3	2,78	0,84	0,50	3,29
4	3,29	0,99	0,59	3,88
5	3,88	1,16	0,70	4,58
6	4,58	1,37	0,82	5,40
7	5,40	1,62	0,97	6,37
8	6,37	1,91	1,15	7,52
9	7,52	2,26	1,35	8,87
10	8,87	2,66	1,60	10,47

Im 1. Jahr würde das Unternehmen 0,60 € Gewinn pro Aktie erwirtschaften (30% von 2 €). Davon werden wie in der Vergangenheit 60% einbehalten und dem Eigenkapital hinzugefügt. Das Eigenkapital pro Aktie würde somit im 2. Jahr auf 2,36 € anwachsen.

Nach dem 10. Geschäftsjahr wäre die Gesellschaft mit einem Eigenkapital pro Aktie von 10,47 € ausgestattet. Sollte es gelingen, wiederum die 30% durchschnittliche Eigenkapitalrendite wie in der Vergangenheit zu erwirtschaften, dann entspräche dies einem Gewinn von 3,14 € pro Aktie (10,47 x 0,3 = 3,14). Dieser Gewinn multipliziert mit dem durchschnittlichen KGV der Vergangenheit von 23 ergibt einen Kurs von 72,22 € (3,14 x 23 = 72,22).

Unter Berücksichtigung des Zinseszinseffektes entspräche dies einer jährlichen Kurssteigerung von 3,7% bezogen auf den heutigen Kurs von 50 € ((72/50)(1/10) = 3,7). Auch dies ist keine sonderlich hohe Verzinsung. Im aufgezeigten Beispiel ist dieses Kriterium nicht erfüllt.

1.8 Musteranalyse Colgate-Palmolive Co.

(NYSE: CL, WKN: 850 667, ISIN: US 194 162 103 9)

1.8.1 Allgemeine Unternehmensbeurteilung

Colgate-Palmolive Co. (CL) ist nach Procter & Gamble zweitgrößter Hersteller von Körperpflegeprodukten und Haushaltsartikeln der Welt. Die 4 bedeutendsten Geschäftsbereiche des Unternehmens sind Mundhygiene, Körperpflege, Haushaltsreiniger und Waschmittel. Der Bereich Tiernahrung nimmt eine untergeordnete Stelle ein. Weltweit führend ist Colgate-Palmolive im Bereich der Mundhygiene.

Colgate bietet neben Colgate Total und Colgate Sensation ein breites Sortiment an Zahncremes, Mundspülungen und Zahnbürsten für die unterschiedlichsten Bedürfnisse, Dusch- und Schaumbäder, Seife, Rasiercreme, Körperlotionen und Haarpflegeprodukte. Bei der Haushaltspflege hat CL Produkte vom Geschirrspülmittel bis zum bekannten Allzweckreiniger und Fensterputzmittel Ajax im Angebot. Softlan ist ein Weichspüler mit wertvollen Pflegesubstanzen. Colgate vertreibt seine Produkte in über 200 Länder. Das Produkt-Portfolio umfasst über 1.000 Einzelprodukte.

Chairman und CEO Reuben Mark kam 1963 zu Colgate und war in einigen bedeutenden Positionen sowohl in den USA als auch im Ausland tätig, bis er 1984 zum CEO gewählt wurde. 1983 wurde er in das Board of Directors (Verwaltungsrat in den USA) gewählt.

Ist das Unternehmen einfach zu verstehen, hat es eine beständige Firmengeschichte?

Colgate-Palmolive Co. ist für einen Privatinvestor einfach zu verstehen. Das Unternehmen vertreibt Produkte, die von jedem Menschen täglich gebraucht und benutzt werden. Kinder wachsen mit Zahncreme und Seife, Spülmittel und Waschmittel auf. Diese Produkte sind nicht aus ihrem Leben wegzudenken. Produkte, die jeder versteht.

Diese Frage können wir mit einem eindeutigen „Ja" beantworten.

Die Unternehmensgeschichte von Colgate Co. ist lang. Der Name Colgate erschien zum ersten Mal 1806, als William Colgate, ein britischer

Einwanderer, in New York City ein Seifen- und Kerzengeschäft eröffnete. 1813 änderte er den Firmennamen in William Colgate and Co. 1873 stellte die Firma ihre erste Zahncreme her. 1928 fusionierte Colgate mit dem Seifenhersteller Palmolive-Peet Co. zu Colgate-Palmolive-Peet Co. Dieses Unternehmen setzte bereits 1939 100 Mio $ um. Schon 1920 expandierte Colgate ins Ausland, erst nach Frankreich, dann folgten Australien, Großbritannien, Italien, Deutschland und Mexico. 1947 führte das Unternehmen zwei bekannte Markennamen ein: FAB Detergent und Ajax-Reiniger.

Das Unternehmen änderte 1953 seinen Firmennamen endgültig in Colgate-Palmolive Co. 1966 führte Colgate-Palmolive das erste flüssige Spülmittel ein und überschritt 1967 beim Umsatz die Milliardengrenze. Kurz darauf revolutionierte Colgate den Zahnpasta-Markt mit der neuen Formel MFP Fluorid (Monofluorphosphate) zum möglichen Schutz gegen Karies.

Mit neuen Produkten, wie Irish Spring Deodorant Soap 1972, Colgate Winterfresh Gel Zahncreme 1981 und 1986 mit Palmolive Geschirrspülmittel, erweiterte und erneuerte Colgate seine Produktlinie. Colgate trieb seine weltweite Expansion ebenfalls erfolgreich voran. 1992 fasste das Unternehmen im osteuropäischen und chinesischen Markt Fuß. 1994 wurde die modernste Anlage der Firma für Mundhygieneprodukte in Huangpu (China) fertig gestellt.

Dank der Zahncreme Colgate Total mit seiner sehr effizienten patentierten Formel wurde das Unternehmen 1998 endgültig der Marktführer für Mundhygieneprodukte in den USA. Heute ist CL ein globales Unternehmen mit einem Umsatz von 9 Mrd $ und konzentriert sich auf die Kernbereiche Mundpflege, Körperpflege, Haushaltsreinigung und Wäschepflege.

Auch die Frage nach einer beständigen Unternehmensgeschichte können wir mit einem eindeutigen „Ja" beantworten. Das Unternehmen konzentriert sich auf seine Produktlinien und weist ein kontinuierliches Wachstum auf.

Werden die Produkte dringend benötigt, gibt es keinen direkten Ersatz?

Für die tägliche Mundhygiene ist es unerlässlich, Zahncreme zu benutzen. Ob wir unsere Zähne mit einer manuellen Zahnbürste oder einer elektrischen Zahnbürste putzen, ist egal, auf alle Fälle brauchen wir Zahncreme.

Zahncreme ist für die Gesunderhaltung der Zähne unbedingt notwendig. Körperpflegeprodukte, Waschmittel und Haushaltsreinigungsprodukte sind aus unserem alltäglichen Leben nicht mehr wegzudenken. Wir waschen uns täglich, pflegen uns, spülen unser Geschirr.

Auch diese Frage können wir mit einem eindeutigen „Ja" beantworten.

Gibt es wenig Restriktionen, sodass das Unternehmen expandieren kann? Ist die Produktion einfach auszudehnen?

Wir können uns im Großen und Ganzen keine Restriktionen vorstellen. Einzig die Verwendung von Tensiden unterliegt bestimmten Restriktionen, was aber kein Problem darstellen dürfte. Weiter sehen wir keine Probleme, die Produktion von Zahncreme, Spülmittel oder Waschmittel auszudehnen.

Wir beantworten diese Frage ebenfalls mit „Ja".

Sind die Produkte eindeutig von Konkurrenzprodukten zu unterscheiden?

Colgate kennt man seit der Kindheit. Die Werbung mit Colgate Fluor S schwirrt noch immer durch den Kopf. Auch die Werbung von Ajax-Fensterreinigern mit einer Hausfrau in Schürze und mit Dauerwelle, so wie man sich in den 1950er- und 1960er-Jahren eine ordentliche Hausfrau vorstellte, fällt einem sofort ein. Man hatte immer eine gute duftende Palmolive-Seife zu Hause.

Im Ausland erkennt man selbst bei nicht lateinischen Schriftzeichen ohne weiteres Colgate-Zahncreme oder Palmolive-Seife, was natürlich gleich ein heimisches Gefühl vermittelt.

Auch diese Frage beantworten wir mit einem eindeutigen „Ja".

Verfügt das Unternehmen über eine monopolartige Stellung?

Colgate ist weltweiter Marktführer bei der Mundhygiene, dem umsatzstärksten Segment von Colgate. Das Unternehmen ist in 218 Ländern präsent und deckt rund 50% des Weltmarktes ab. Im Bereich Mundhygiene ist Procter & Gamble mit Blendax, Blend a Med und Blend a Dent einer der größeren Konkurrenten auf dem Weltmarkt. Die Gaba GmbH mit den Produkten Aronal, Elmex und Meridol ist nur auf dem europäischen Markt zu finden. Henkel bietet Theramed an, Unilever Signal und Close-up. Gillette hat bei den Zahnbürsten (manuell und elektrisch) mit Oral B und Braun Oral B Marktanteile.

Starker Wettbewerb findet zurzeit zwischen CL und Procter & Gamble bei der batteriebetriebenen Zahnbürste statt. Den Markt für Haushaltsreiniger, Waschmittel und Körperpflegeprodukte teilt sich Colgate vor allem mit Procter & Gamble, Henkel und Unilever. Clorox und Johnson & Johnson haben einen kleineren Produktanteil in diesem Markt. Bei Haarpflegeprodukten sind speziell L'Oréal und Wella Wettbewerber. Im März 2003 hat sich Procter & Gamble für insgesamt 6,5 Mrd € 77,6% der stimmberechtigten Aktien der Familienaktionäre und damit 50,7% am Grundkapital der Wella AG gesichert.

Die Frage nach einer monopolartigen Stellung beantworten wir mit einem **„eingeschränkten Ja"**. Colgate ist Marktführer im Bereich Mundhygiene und sicher auch ein Big Player bei Haushaltsreinigern und Körperpflegeprodukten. Der Wettbewerb im Markt ist jedoch ebenfalls groß.

Hat das Unternehmen noch Wachstumspotenzial? Wird die Nachfrage noch genügend wachsen?

39% der weltweiten Umsätze werden mit neuen Produkten erzielt, die erst in den letzten 5 Jahren eingeführt wurden. Colgate konzentriert sich dabei auf die Entwicklung neuer innovativer Produkte. Damit sichert sich das Unternehmen unserer Meinung nach in den bereits durchdrungenen Märkten die Nachfrage nach Colgate-Produkten.

Neue wichtige Absatzmärkte sollten die Emerging Markets sein. Lateinamerika ist mit 23,7% vom Gesamtumsatz ein wichtiger Absatzmarkt. Ein großer Absatzmarkt eröffnet sich in China. Colgate hat zurzeit bei der Zahncreme Marktanteile von 29,2% und damit die Marktführerschaft. Wenn wir die Bevölkerungsgröße Chinas und auch Gesamt-Asiens betrachten, sehen wir hier noch ein riesiges Nachfragepotenzial. Dabei haben wir noch gar nicht Russland, Afrika usw. mitgerechnet.

Diese Frage würden wir ebenfalls mit einem **„eindeutigen Ja"** beantworten.

Hat das Unternehmen weitgehende Freiheit in der Preisgestaltung?

Der Wettbewerb in diesem Markt ist sehr groß. Zwar ist Colgate im Zahn-pasta-Markt führend, doch selbst hier wird das Unternehmen den Preis nicht allein bestimmen können, sondern muss zur Erhaltung seiner Markt-anteile seine Preise an diejenigen der Konkurrenz zumindest angleichen. Wie um die Marktanteile gekämpft wird, konnte man zuletzt zwischen Proc-ter & Gamble und Colgate beobachten: Colgate hatte bisher die batterie-betriebene Zahnbürste zum Preis von 19 $ angeboten. Aus Wettbewerbs-gründen senkte das Unternehmen den Preis jetzt auf 12 $.

Diese Frage würde also eher mit „**Nein**" beantwortet werden.

Fassen wir kurz zusammen:

Nach der allgemeinen Unternehmensbeurteilung gefällt uns das Unter-nehmen ausgesprochen gut. Das Unternehmen existiert fast 200 Jahre und ist in dieser Zeit kontinuierlich gewachsen und wird weiter wachsen. Die Produkte werden täglich verbraucht, müssen also immer neu gekauft werden. Wer Colgate liest oder hört, assoziiert den Namen sofort mit Zahncreme, Palmolive mit Seife, Spülmittel usw. Wir können also beruhigt zur Überprüfung der messbaren Kriterien übergehen.

1.8.2 Überprüfung der messbaren Qualitätskriterien

Die Eigenkapitalrendite sollte ca. 25% betragen.

Colgate verfügt über eine enorm hohe Eigenkapitalrendite von aktuell 126%. Der Durchschnittswert der vergangenen 10 Jahre beträgt 94%. Das Kriterium ist erfüllt.

Die Eigenkapitalquote sollte ca. 30% betragen.

Dieses Kriterium ist mit derzeit ca. 14% nicht erfüllt. Solange CL weiter wächst wie bisher, ist das noch nicht kritisch. Der Verschuldungsgrad sollte aber weiter im Auge behalten werden.

Die Gewinne sollten über 10% pro Jahr wachsen, auch im langjährigen Durchschnitt.

Das Gewinnwachstum hat in den letzten Jahren bis auf zwei Ausnahmen immer über 10% gelegen. Im 10-Jahres-Durchschnitt liegt es bei rund 10%. Das Kriterium ist erfüllt.

Die einbehaltenen Gewinne sollten über 50% der Gesamtgewinne ausmachen. Die einbehaltenen Gewinne sollten sich in den 10 Folgejahren mit durchschnittlich mindestens 15% verzinst haben.

Seit 1994 hat das Unternehmen jeweils mehr als 50% der Gewinne einbehalten. Die einbehaltenen Gewinne haben sich nach oben vorgestellter Berechnung in den letzten 10 Jahren um 15% verzinst. Das Kriterium ist erfüllt.

Die Cash-Flow-Marge sollte mindestens 15%, besser 20% betragen.

Die Cash-Flow-Marge erreicht 18%. Für die Zukunft prognostizieren wir eine Marge von 20%. Das Kriterium ist erfüllt.

Die Umsatzrendite sollte mindestens 10% betragen und über die Jahre anwachsen.

Die Umsatzrendite ist seit 1999 stabil über 10%. Das Kriterium ist erfüllt.

Der prozentuale Anteil der Sachinvestitionen sollte nicht mehr als 40% vom Cash Flow betragen.

Colgate hat sehr geringe Sachinvestitionen. Aktuell liegt dieser Wert bei 16%. Das Kriterium ist erfüllt.

Übersicht der messbaren Qualitätskriterien												
Messbare Qualitätskriterien	1994	1995	1996	1997	1998	1999	2000	2001	2002	2003	2004	
Eigenkapitalquote > 30%	30%	22%	26%	29%	27%	25%	20%	12%	5%	12%	14%	nicht erfüllt
EK-Rendite > 25% erfüllt	32%	10%	31%	34%	41%	51%	73%	136%	368%	160%	126%	
durch. EK-Rendite > 25%	32%	21%	24%	27%	30%	33%	39%	51%	86%	94%	94%	
Gewinne pro Aktie	1,0	0,3	1,1	1,3	1,5	1,6	1,7	1,9	2,2	2,5	2,5	erfüllt
Gewinnwachstum > 10%		70%	269%	17%	15%	10%	14%	8%	12%	10%	0%	erfüllt
geo. Gewinnwachs. (10 J.) > 10%	10%	-70%	5%	8%	10%	10%	11%	10%	10%	10%	10%	erfüllt
geo. Gewinnwachs. (5 J.) > 10%						10%	44%	13%	12%	11%	10%	erfüllt
Dividende pro Aktie	0,39	0,44	0,47	0,53	0,55	0,59	0,63	0,68	0,72	0,9	0,96	
einbehaltene Gewinne	61,2%	-49,2%	56,4%	57,7%	62,1%	63,5%	62,9%	64,0	67,1%	63,3%	61,1%	
durch. einbeh. Gew. > 50%	61%	6%	23%	32%	38%	42%	45%	47%	50%	51%	52%	erfüllt
Rendite einbeh. Gew. (10 J.) > 15%											15%	erfüllt
Umsatzrendite > 10 %	8%	2%	7%	8%	9%	10%	12%	13%	14%	14%	14%	erfüllt
Cash-Flow-Marge > 15%	11%	10%	11%	12%	13%	14%	16%	18%	19%	18%	18%	erfüllt
Sachinv. / Cash Flow < 40%	49%	51%	48%	45%	33%	29%	26%	21%	20%	17%	16%	erfüllt

Wertermittlung und zu erwartende Rendite

Wertermittlung	1994	1995	1996	1997	1998	1999	2000	2001	2002	2003	2004
Netto Cash Flow (NCF)	414	409	492	581	789	904	1035	1260	1400	1466	1599
Wachstum NCF		-1%	20%	18%	36%	15%	14%	22%	11%	5%	9%
geo. Wachstum NCF 10 Jahre											10%
geo. Wachstum NCF 5 Jahre						10%	44%	13%	12%	11%	10%
Diskontsatz	7,25%	6,75%	6,75%	6,50%	5,50%	5,75%	6,00%	5,50%	5,60%	5,00%	5,00%
Marktkapitalisierung	8.289	9.859	12.153	18.256	23.972	29.408	33.655	34.335	30.339	31.845	28.750
Unternehmenswert gem. DNCF		12.127	13.020	15.662	19.322	31.782	34.614	37.744	50.755	55.248	65.791
Sicherheitsmarge		23%	7%	-14%	-19%	8%	3%	10%	67%	73%	129%
Renditeerwartung 10 Jahre	**1994**	**1995**	**1996**	**1997**	**1998**	**1999**	**2000**	**2001**	**2002**	**2003**	**2004**
mittlere Kurs	14,35	16,90	20,65	30,90	40,95	50,80	53,65	56,50	51,50	55,00	50,00
KGV mitte	14,3	57,3	19,1	24,7	28,2	31,4	31,6	29,9	23,6	22,4	20,3
durch. KGV mitte	14,3	35,8	30,3	28,9	28,7	29,2	29,5	29,6	28,9	28,3	27,5
Sicherheitsmarge[1]	0%	23%	7%	-14%	-19%	8%	3%	10%	67%	73%	129%
Signal 2[2]			k.A.	5%	7%	8%	8%	10%	11%	12%	13%
Signal 3[3]		18%	2%	4%	5%	6%	8%	9%	13%	25%	22%

Erläuterungen:
1) Sicherheitsmarge gemäß diskontiertem Netto-Cash-Flow
2) Signal 2: durchschnittliche Renditeerwartung auf Basis Gewinn, Gewinnwachstum und KGV
3) Signal 3: durchschnittliche Renditeerwartung auf Basis Eigenkapita , EK-Rendite und KGV

Small-Cap-Strategie

Investieren in kleine, wachstumsstarke und fundamental gesunde Unternehmen

Eine Anlage in kleine, wachstumsstarke und fundamental gesunde Unternehmen bietet Ihnen interessante Chancen. Für unsere Auswahl ist dabei ein nachhaltiges Gewinn- und Umsatzwachstum ein wesentliches Kriterium. „Penny-Stocks" und „Zockerwerte", die noch nie einen Gewinn erwirtschaftet haben, stehen nicht in unserem Beobachtungsfokus. Wir legen Wert auf wachstumsstarke, kleine Unternehmen mit Erfolg versprechenden Zukunftsaussichten und soliden Finanzen. In unserem Fokus stehen auch Unternehmen mit einem bereits etablierten und soliden Geschäftsmodell, das noch nicht von der breiten Masse des Marktes entdeckt worden ist.

Auch bei der Anlage in kleine Unternehmen sollten Sie den Anlagegrundsätzen der großen Investoren wie Benjamin Graham, Warren Buffett und Peter Lynch folgen. Als Investor sind Sie Unternehmer. Mit dem Kauf von Aktien erwerben Sie nicht nur ein Stück Papier, sondern einen Anteil an diesen kleinen Unternehmen. Als Unternehmer sind Sie an einem dauerhaften Umsatz- und Gewinnwachstum interessiert. Sie wollen wissen, ob das Management den Wert des Unternehmens effizient steigert, das Betriebskapital sorgfältig verwendet wird und in der Lage ist, die Profitabilität zu steigern. Denken Sie an Microsoft. Beim ersten Listing an der NYSE am 13.03.1986 schloss die Aktie von Bill Gates splittbereinigt bei 0,097 $ – heute ist das Papier 27 $ wert. Auch wenn die Aktie seit dem Platzen der Technologieblase über 50% an Wert verloren hat, entspricht dies immer noch einer Steigerung um das 278fache. Die Aktie ist eines der erfolgreichsten Wertpapiere der Welt.

Ein kleines Unternehmen unterliegt oftmals einem größeren Risiko, weil sich das Geschäftsmodell am Markt nicht durchsetzen kann oder der Zugewinn von Marktanteilen sich schwieriger darstellt als ursprünglich angenommen. Um Fehlentwicklungen frühzeitig entgegenwirken zu können, sollten die fundamentalen Daten kleiner Unternehmen einer kontinuierlichen Beobachtung unterliegen.

2.1 Renditevergleiche

Vergleich der Renditen nach der Unternehmensgröße

James P. O'Shaughnessy, der renommierte US-Finanzexperte, hat in seinem Buch *„Die besten Anlage-Strategien aller Zeiten"* die Rendite-Entwicklung einer Aktienanlage nach Marktkapitalisierung untersucht. In dieser empirischen Studie zeigte er anhand eines Anlagebetrages von 10.000 $, investiert am 31.12.1951, die Ergebnisentwicklung über einen Zeitraum von 45 Jahren auf. Für uns sind die Ergebnisse der Untersuchungen bezüglich einer Anlage in kleine Unternehmen interessant.

Hier kam O'Shaughnessy beim Vergleich „Alle Aktien" gegenüber „Kleine Aktien" zu folgendem Ergebnis:

Vergleich „Alle Aktien" gegen „Kleine Aktien"

Alle Aktien	Kleine Aktien
2.677.557 $	3.319.218 $

Dabei betrachtete O'Shaughnessy die Gruppe „Alle Aktien" mit einer Marktkapitalisierung über inflationsbereinigte 150 Mio $. Bei den kleinen Unternehmen waren für die gute Performance hauptsächlich Aktien mit einer Marktkapitalisierung von weniger als 25 Mio $ verantwortlich.

Bei einer Aufteilung der Aktien nach Marktkapitalisierung sieht die Entwicklung folgendermaßen aus:

Vergleich nach Marktkapitalisierung

Marktkapitalisierung	Ertrag
< 25 Mio $	806.444.130,00 $
25 < 100 Mio $	7.767.454,00 $
100 < 250 Mio $	3.432.526,00 $
250 < 500 Mio $	3.425.430,00 $
500 < 1 Mrd $	1.953.056,00 $
> 1 Mrd $	1.618.012,00 $

Allerdings ist diese phantastische Rendite der Anlage in Aktien mit einer Marktkapitalisierung von weniger als 25 Mio $ reine Theorie. In der Praxis ist ein Investment in diese Aktien oftmals nicht praktikabel, weil in den meisten Fällen gar kein Handel stattfindet und in anderen Fällen die Geld-Brief-Spanne bei 100% liegt.

Aktien mit einer Marktkapitalisierung zwischen 25 Mio und 100 Mio $ sowie zwischen 100 Mio und 250 Mio $ und zwischen 250 Mio und 500 Mio $ übertreffen in der Rendite die „Großen Aktien", dies allerdings bei einem höheren Risiko. Mit dem Sharpe Ratio misst man die Rendite unter Berücksichtigung des eingegangenen Risikos. Diese Kennzahl wurde vom Nobelpreisträger William F. Sharpe entwickelt. Es wird dabei von der Performance einer Kapitalanlage die Verzinsung einer risikolosen Anlage abgezogen, danach wird das übersteigende Ergebnis durch das eingegangene Risiko der Investition geteilt. Man erhält eine Größe, die sowohl die Performance als auch das Risiko gleichermaßen berücksichtigt.

Je höher das Sharpe Ratio, desto besser schneiden die Portfolio-Renditen im Verhältnis zum Risiko des Investments ab. Das Sharpe Ratio für „Alle Aktien" beträgt 44, für Aktien mit einer Marktkapitalisierung

- ❏ von 25 bis 100 Mio $ 44
- ❏ von 100 bis 250 Mio $ 41
- ❏ von 250 bis 500 Mio $ 46
- ❏ von 500 Mio bis 1 Mrd $ 42
- ❏ über 1 Mrd $ 41

Mit einer Investition in kleine Unternehmen können Sie also eine höhere Rendite als mit einer Anlage in große Unternehmen erzielen.

Marktkapitalisierung Ertrag

Eine weitere Untersuchung führte zu einem überraschenden Ergebnis: O'Shaughnessy hat auch „Große Aktien" mit den „Marktführern" verglichen. Die „Marktführer" konnten eine ähnlich hohe Rendite wie die „Kleinen Aktien" erzielen, allerdings bei einem deutlich niedrigeren Risikograd.

Vergleich „Große Aktien" gegen „Marktführer"

Große Aktien	Marktführer
1.590.667 $	3.363.529 $

Durch das deutlich niedrigere Risiko sollten Sie hauptsächlich in diese Top-Unternehmen und wegen des höheren Risikos nur einen kleinen Anlagebetrag in ein kleines Unternehmen investieren. Mit einem Anteil daran können Sie dann an den Chancen, die diese Unternehmen bieten, teilhaben.

2.2 Chancen bei einer Anlage in kleine Unternehmen

Kleine Unternehmen bieten Ihnen einige sehr profitable Chancen: Sie haben so die Möglichkeit, ein Unternehmen zu entdecken, das sich zu einem großen Unternehmen entwickeln kann. Sie können hier bereits investiert sein, bevor professionelle Investoren kaufen können. Professionelle Anleger können die Aktien kleiner Unternehmen nicht einfach kaufen, ohne einen enormen Preisanstieg zu verursachen oder beim Verkauf einen starken Preisverfall zu erzeugen. Fondsmanager kaufen Aktien in Größenordnungen, die einer Übernahme des kleinen Unternehmens gleichkämen. Ausnahme bilden die Fondsmanager spezieller Small-Cap-Fonds.

Sie können also vor einer „Entdeckung" durch professionelle Investoren bereits investiert sein und dann bei deren Einstieg an der Kursentwicklung teilhaben. Manchmal wird ein kleines Unternehmen auch das Kaufobjekt eines großen Unternehmens. Hier können Sie vom meist höheren Übernahmeangebot profitieren.

Kleine Unternehmen unterliegen einer stärkeren Volatilität, mit deren Hilfe Sie öfter einmal Aktien zu einem günstigeren Preis kaufen können. Der Kauf einer Aktie zu einem günstigen Preis bedeutet für Sie immer eine höhere Rendite – wobei ein günstiger Preis nicht heißt, dass Sie einen Anteil an einem kleinen Unternehmen kaufen sollten, dessen schlechte Unternehmensdaten den Kursverfall verursachten.

Suchen Sie nach kleinen Unternehmen, deren fundamentale Daten überzeugen. Wenn der Markt den Wert dieses kleinen Unternehmens noch nicht erkannt hat, ergibt sich für Sie die Möglichkeit, die Aktie günstig zu erwerben, bevor der breite Markt sie für sich entdeckt.

„Growth" und „Value"

Kleine Unternehmen kann man in zwei Ansätze einteilen: in Growth (Wachstum) und Value (Wert); die Unterschiede sind jedoch oftmals fließend. Ein gutes Wachstumsunternehmen muss auch über eine solide finanzielle Basis verfügen und in der Lage sein, den Unternehmenswert zu erhöhen. Ein wertbeständiges Qualitätsunternehmen weist normalerweise auch solide Wachstumsraten auf, weshalb wir sowohl auf das Wachstum als auch auf einen günstigen Preis achten.

Der Wachstums- oder Growth-Ansatz

Wachstumsstarke junge Unternehmen verfügen oftmals über ein hohes Kurs-Gewinn-Verhältnis. Sie sind häufig teurer als Unternehmen mit geringeren Wachstumsraten. Aufgrund überproportionaler Wachstumsaussichten und einer glänzenden Zukunft sind Investoren bereit, einen höheren Preis für diese Anteilscheine zu bezahlen. Bei jungen Wachstumsunternehmen ist daher ein hohes Umsatz- und Gewinnwachstum von zentraler Bedeutung.

Der Wert- oder Value-Ansatz

Die Aktien dieser kleinen beständigen Unternehmen mit einer soliden Finanzkraft werden unter ihrem Wert gehandelt. Betroffen sind häufig Unternehmen, die der Markt gerade vernachlässigt, weil das Unternehmen momentan nicht attraktiv erscheint, ein langweiliges Produkt oder eine wenig ansprechende Dienstleistung anbietet. Hier spielt der Preis eine bedeutende Rolle.

2.3 Messbare Auswahlkriterien

Jahresumsatz bis 500 Mio $ bzw. €

Bei der Analyse nehmen wir als Definition für die Unternehmensgröße statt der Marktkapitalisierung den Jahresumsatz. Wir konzentrieren uns damit mehr auf die Unternehmensdaten als auf die markttechnischen Daten.

Wir suchen Unternehmen mit einem Jahresumsatz bis 500 Mio $ bzw. €. Damit befindet sich das Unternehmen noch nicht im Fokus professioneller Anleger.

Umsatzwachstum und Gewinnwachstum gleich oder größer 25%

Wir fordern von diesen jungen Unternehmen jährliche Wachstumsraten von gleich oder größer 25%. Unter Berücksichtigung des Konjunkturzyklus können in einer rückläufigen Wirtschaft oder Rezession aber durch aus Wachstumsraten von 15% berücksichtigt werden. Diese können sogar qualitativ besser sein als 25% in Boom-Phasen.

Sinkende oder stagnierende Wachstumsraten stellen ein Alarmsignal dar und erfordern weitere Nachforschungen, um die Ursachen dafür festzustellen. Weiter achten wir darauf, dass die Wachstumsraten von Umsatz und Gewinn nicht zu weit auseinander liegen. Wenn nämlich der Umsatz schneller wächst als der Gewinn, schmälert das die Umsatzrendite, von der wir aber eine ansteigende Tendenz erwarten.

Das Verhältnis Gewinnwachstum zu Umsatzwachstum sollte den Faktor 1 nicht unterschreiten. Ebenso legen wir Wert darauf, dass, selbst wenn Umsatz- und Gewinnwachstum gleich schnell wachsen, auch der Gewinn pro Aktie proportional dazu steigt. Ein langsameres Wachstum des Gewinns pro Aktie deutet auf eine Verwässerung der Aktienanzahl hin.

Die Ursache dafür ist häufig die vermehrte Ausgabe von Aktienoptionen an das höhere Management.

Das durchschnittliche Wachstum von Umsatz und Gewinn über einen Zeitraum von 5 Jahren können Sie ebenfalls der Unternehmensstudie in der rechten Spalte ganz unten entnehmen.

Umsatzrendite gleich oder größer 7%

Die Umsatzrendite gibt an, wie viel von jedem Euro oder jedem Dollar Umsatz als Gewinn beim Unternehmen bleibt. Je höher sie ausfällt, desto stärker ist die Marktstellung und umso eher können Kostenerhöhungen oder Preissenkungen verkraftet werden. Eine hohe Umsatzrendite zeugt von einem guten Management, das die Wirtschaftlichkeit des Unternehmens nicht aus den Augen verliert. Ein schnelles Wachstum kann beispielsweise relativ einfach über den Umsatz verbilligter Ware erzielt werden, was dazu führt, dass zum Schluss nicht genügend Geld in der eigenen Kasse bleibt.

Bei einem Wachstumsunternehmen legen wir Wert auf eine jährliche Umsatzrendite von mindestens 7%. Positiv wäre, wenn hier eine über die Jahre hin steigende Tendenz erkennbar ist.

Bei Einzelhändlern liegen die Umsatzrenditen branchenspezifisch etwas niedriger. Zum Vergleich: Die durchschnittliche Umsatzrendite der Unternehmen aus dem S&P 500 beträgt 7% und die aller Nasdaq-Unternehmen 3,1%.

Positiver Cash Flow

Durch den Cash Flow, der bei einem von uns fokussierten Unternehmen immer positiv sein muss, erhalten wir eine klare Aussage über die Finanzkraft des Unternehmens. Der Cash Flow legt ganz bestimmte Finanzflüsse offen, die bei einer Betrachtung des Gewinns nicht sichtbar sind.

Mit einem Cash Flow, der viel höher als der Gewinn ist, können wir dem Unternehmen eine ausgezeichnete Finanzsituation unterstellen. Ein Cash Flow, der um 20% geringer als der Gewinn ist, ist noch akzeptabel. Jedoch bei einem Abschlag von ca. 35% vom Gewinn ist ein Blick auf die Debitoren und Vorräte nötig, denn deren starker Anstieg sollte immer ein Alarmsignal sein.

Handelsvolumen ca. 350.000 Stück pro Monat

Wir wollen ein niedriges, aber doch handelbares tägliches Volumen. Ein niedriges Handelsvolumen zeigt uns, dass die Aktie noch unentdeckt ist und nicht im Fokus der professionellen Anleger oder Medien steht.

Um das Risiko der Illiquidität zu vermeiden, muss die Aktie aber handelbar sein. Das durchschnittliche Handelsvolumen pro Monat steht in der Unternehmensstudie rechts unterhalb des Chartbildes und sollte in der Größenordnung von rund 350.000 Stück pro Monat liegen.

Aktienbesitz der Führungskräfte gleich oder größer 10%

Mit der Aktie erwerben Sie einen Teil des Unternehmens. Führungskräfte, die einen hohen Anteil an Aktien ihres Unternehmens besitzen, werden mit hoher Wahrscheinlichkeit auch wie Unternehmer agieren. Sie werden eher das Interesse des Unternehmens vertreten und sich für dessen Wohl einsetzen. Der Besitz von Aktienoptionen dagegen verleitet Führungskräfte zu sehr, ihre Handlungsweisen an der Steigerung des Aktienkurses zu messen und nicht an der Steigerung des Unternehmenswertes.

Aktienpreis mindestens 5 € bzw. $

Der Preis der Aktie sollte mindestens 5 € bzw. $ betragen, denn mit „Penny-Stocks" wollen wir uns nicht befassen. Hinter solch einem Kursverfall stehen häufig fundamentale Probleme des Unternehmens, selbst wenn die Wachstumsraten noch stimmen. Als Ursachen eines starken Kursverfalls sind häufig Überschuldung oder starke Verluste auszumachen.

Eigenkapitalrendite mindestens 15%

Die Eigenkapitalrendite ist der Ertrag des investierten Eigenkapitals eines Unternehmens. Hierbei teilen Sie den Jahresgewinn durch das Eigenkapital und erfahren so, wie sich das Eigenkapital des Unternehmens verzinst. Auf eine hohe Eigenkapitalrendite bei gleichzeitig geringem Verschuldungsgrad legen wir besonders bei einem kleinen Value-Unternehmen Wert. Die durchschnittliche Eigenkapitalrendite der letzten Jahre sollte mindestens 15% betragen. Damit liegt die Eigenkapitalrendite über den durchschnittlichen Kapitalkosten von rund 11%, namentlich Zinsen. Zu den Kapitalkosten gehören die Eigenkapital- und die Fremdkapitalkosten.

Bei einem kleinen Unternehmen ist es wichtig, dass die Eigenkapitalrendite im Lauf der Jahre ansteigt. Das deutet darauf hin, dass unser kleines Unternehmen stetig besser wird.

Eigenkapitalquote mindestens 30%

Die Eigenkapitalquote ist der prozentuale Anteil des Eigenkapitals an der Bilanzsumme. Das heißt, je höher die Eigenkapitalquote ist, desto niedriger ist der Verschuldungsgrad und desto weniger Geld geht für Zinszahlungen aus dem Unternehmen heraus.

Alle Kriterien der Small-Cap-Strategie auf einen Blick

1. Jahresumsatz bis 500 Mio $ bzw. €

2. Umsatzwachstum > 25 %

3. Gewinnwachstum > 25 %

4. Umsatzrendite > 7 %

5. Cash Flow (immer positiv)

6. Handelsvolumen ca. 350.000 Stück/Monat

7. Aktienbesitz der Führungskräfte > 10 %

8. Aktienpreis mindestens 5 € bzw. $

9. Eigenkapitalrendite > 15 %

10. Eigenkapitalquote > 30 %

3 Dividenden-Strategien

Investieren nach Graham, O'Higgins und Sheard

In diesem Kapitel wollen wir Ihnen verschiedene Varianten der Dividenden-Strategie vorstellen. Die Dividenden-Strategie ist eine mechanische Strategie, die sich bestens für konservative Investoren eignet. Ein großer Vorteil dieser Strategie besteht darin, dass sie sehr einfach ist und keinen großen Research-Aufwand erfordert. Zudem ist sie auch risikoarm, da nach dieser Strategie die Anleger nur in **solide und unterbewertete Substanzwerte** investieren. Und schließlich führt sie zu Renditen, die weit über dem Marktdurchschnitt liegen.

Die Grundidee stammt von Benjamin Graham, dem Ur-Vater aller Value-Investoren. Graham riet 1949 in seinem Buch *„The Intelligent Investor"* den Anlegern, in die 10 Dow-Jones-Werte mit dem niedrigsten KGV zu investieren und die Aktien erst nach Ablauf von 1 bis 5 Jahren zu veräußern. Der Vorteil einer Investition in Dow-Jones-Werte ist, dass sie nebenbei hohe und sichere Dividendenzahlungen abwerfen. Graham wies statistisch nach, dass seine Methode die Rendite-Entwicklung des Dow Jones deutlich übertraf.

Michael O'Higgins griff die Dow-Strategie von Graham auf und verfeinerte sie. In seinem Buch *„Beating the Dow"* riet er 1991 den Anlegern, aus den 10 Dow-Jones-Werten mit der höchsten Dividendenrendite die 5 Aktien mit den optisch niedrigsten Kursen zu bestimmen und dann ihr Geld in gleich hohen Teilbeträgen in diese 5 Aktien exakt 1 Jahr lang anzulegen. Nach Ablauf von 1 Jahr wird das Prozedere wiederholt. Wie zuvor Graham konnte auch Michael O'Higgins die Überlegenheit seiner Strategie gegenüber der Rendite-Entwicklung des Dow Jones statistisch nachweisen.

Die O'Higgins-Strategie ist auch in Deutschland mit großem Erfolg getestet worden. Der DAX trat an die Stelle des Dow Jones als Auswahlindex. Beide Indizes bestehen aus 30 Substanzwerten.

Robert Sheard ging 1998 in seinem Buch *„The Unemotional Investor"* noch einen Schritt weiter und prüfte auf der Grundlage der Dow-Jones-

Strategie von Michael O'Higgins weitere Dividenden-Strategien mit dem Ziel, die erzielbare Rendite zu verbessern.

Im folgenden Diagramm haben wir für Sie die Stationen der Dividenden-Strategie veranschaulicht:

Benjamin Graham
„The Intelligent Investor" **(1949)**

—

Michael O'Higgins
„Beating the Dow" **(1991)**

—

Robert Sheard
„The Unemotional Investor" **(1998)**

Es bleibt noch anzumerken, dass alle Strategien sowohl die Steuern als auch die Transaktionskosten unberücksichtigt lassen. Wir werden auf diese Thematik zum Schluss dieses Kapitels noch einmal kurz eingehen.

3.1 Benjamin Graham

Benjamin Graham legte 1934 mit seinem Buch *„Security Analysis"* den Grundstein für die fundamentale Analyse von Wertpapieren. Das Werk liefert auch heute noch viele wertvolle Einblicke für professionelle Investoren und Analysten. Im Jahr 1949 schrieb Graham das Buch *„The Intelligent Investor"*. In dem Buch diskutiert Graham sichere und renditeträchtige Strategien speziell für Privatinvestoren. Warren Buffett schreibt in der neuen Auflage das Vorwort zu diesem Buch. Dort gibt er dem Privatinvestor den folgenden wichtigen Ratschlag:

„Ihre Aufgabe ist es, Ihre Emotionen unter Kontrolle zu halten."

Emotionen wie Angst und Gier führen zu unterdurchschnittlichen Anlage-Ergebnissen. Das hat Graham bereits früh erkannt. Deshalb riet er den

Privatanlegern mitunter zu **mechanischen Anlage-Strategien.** Bei einer mechanischen Anlage-Strategie gibt es feste Anlageregeln, die der Privatanleger „blind" umsetzen muss. Der Privatanleger verfügt demnach über keinerlei Ermessensspielräume.

Eine sehr erfolgreiche mechanische Anlage-Strategie ist die Dow-Dividenden-Strategie, die 1991 von Michael O'Higgins popularisiert wurde.

Es war aber Benjamin Graham, der hierfür die geistigen Grundlagen schuf. Graham hatte beobachtet, dass der Aktienmarkt populäre und „modische" Aktien überbewertet und unpopuläre Aktien systematisch unterbewertet. Dabei legte er sein Augenmerk besonders auf die großen Substanzwerte im Dow Jones. Er schreibt in seinem Buch für Privatanleger *„The Intelligent Investor":*

„Wichtig bei dieser Anlage-Strategie ist, dass man sich ausschließlich auf die sehr großen Gesellschaften konzentriert. [...] Kleinere Gesellschaften erholen sich nach aller Erfahrung kursmäßig nicht so schnell wie die großen. Hinzu kommt, dass die kleineren Gesellschaften untergehen können, während die größeren Unternehmen sich im Normalfall schnell wieder erholen."

Graham konzentrierte sich auf die großen Substanzwerte im Dow Jones, weil diese Aktien über eine hohe fundamentale Sicherheit verfügen und prinzipiell eine hohe und sichere Dividende abwerfen. Er riet dann den Anlegern, aus den 30 Dow-Jones-Werten die 6 bis 10 Werte mit dem niedrigsten KGV auszuwählen. Die Werte mit dem niedrigsten KGV erschienen ihm als unpopulär und unterbewertet. Die erworbenen Aktien sollten erst nach Ablauf von 1 bis 5 Jahren veräußert werden. Graham ging davon aus, dass der Aktienmarkt Zeit benötigt, um die Unterbewertung einer Aktie abzubauen. Bei Dow-Jones-Werten kann der Anleger neben den Kursgewinnen zudem auch hohe Dividendenerträge vereinnahmen.

Graham verwies darauf, dass seine Strategie, die unpopulären Aktien im Dow Jones zu kaufen, auch erfolgreich getestet wurde. In der Zeit von 1937 bis 1969 war die Kursentwicklung der unpopulären Dow-Aktien nur in 3 Jahren schlechter als die Dow-Jones-Performance. Die folgende Tabelle zeigt Ihnen die Ergebnisse der Untersuchung, auf die Graham hinwies. Dabei wurde ein Anfangskapital von 10.000 $ jährlich neu in die 10 Dow-Jones-Aktien mit dem niedrigsten KGV umgeschichtet:

Zeitperiode	10 Dow-Aktien nach Gaham	Alle 30 Dow-Aktien
1937–1942	−2,2%	−6,3%
1943–1947	17,3%	14,9%
1948–1952	16,4%	9,9%
1953–1957	20,9%	13,7%
1958–1962	10,2%	3,6%
1963–1969	8,0%	4,0%

Jährliche Durchschnittsergebnisse (in %) 1937 bis 1969

Wir stellen fest, dass die mechanische Anlage-Strategie von Graham eine deutliche Überperformance gegenüber dem US-Industrieindex Dow Jones aufwies. Graham verschwieg aber auch die Tatsache nicht, dass seine Anlage-Strategie nicht in jedem Jahr funktioniert. Die Anlageergebnisse von 1917 bis 1933 waren nicht überzeugend. Diese Strategie bietet also keine absolute Erfolgsgarantie.

Es bleibt anzumerken, dass Benjamin Graham keine Angaben über die Kursvolatilität der Aktien im Dow Jones machte – die moderne Wirtschaftswissenschaft setzt ja die Volatilität der Aktien mit ihrem Risiko gleich. Das lehnt Graham speziell im Falle der 30 führenden Industriewerte im Dow Jones kategorisch ab.

Die Dow-Werte verfügen nur über ein geringes fundamentales Risiko, sodass eine hohe Kursvolatilität nicht mit einem Vermögensrisiko verbunden ist. Er empfiehlt konservativen Anlegern, sich an bekannten und konservativ finanzierten Aktiengesellschaften zu beteiligen, um dadurch das Risiko zu minimieren. Die Dow-Strategie, die wir Ihnen hier vorstellen, erfüllt diese Kriterien.

Dow-Jones-Strategie von Graham

❑ Kaufen Sie die 6 bis 10 „unpopulärsten" Dow-Jones-Werte.

❑ Das KGV ist das Primärkriterium für den Grad der Popularität bzw. Unterbewertung der Aktien im Dow Jones. Je niedriger das KGV, desto unpopulärer die Aktie.

❏ Es folgt: Kaufen Sie die 6 bis 10 Dow-Jones-Werte mit dem **niedrigsten KGV** und damit implizit mit einer hohen Dividendenrendite.

❏ Halten Sie die Aktien 1 bis 5 Jahre lang in Ihrem Depot, damit der Aktienmarkt die Unterbewertung abbaut.

❏ Die Strategie ist einfach und besitzt klar definierte Kriterien (emotionslose Strategie).

❏ Die Strategie erfordert wenig Research-Aufwand.

3.2   Michael O'Higgins

Benjamin Graham benutzte für die Auswahl der 10 unpopulärsten Dow-Jones-Werte das KGV als Primärkriterium. Substanzwerte aus dem Dow Jones werfen eine relativ hohe Dividendenrendite ab, falls Börsenkurs und KGV sinken. Graham benutzte also die Dividendenrendite faktisch als ein nachrangiges (Sekundär-)Kriterium.

Ende der 1980er-Jahre schlug John Slatter vor, für die Auswahl der 10 unpopulärsten Dow-Jones-Werte die Dividendenrendite als Primärkriterium zu verwenden. Nach dieser Idee werden die 10 Dow-Jones-Werte mit der höchsten Dividendenrendite als unpopulär betrachtet und nach einem Vorschlag des US-Börsenmagazins *Barron's* als „Dogs of the Dow" bezeichnet. Es war der US-Vermögensverwalter Michael O'Higgins, der 1991 mit seinem Buch „Beating the Dow" die Dow-Dividenden-Strategie weiter verfeinerte und sie in großem Stil popularisierte.

Michael O'Higgins übernahm den Kerngedanken von Benjamin Graham sowie den Vorschlag von John Slatter und fügte der Dow-Strategie ein neues Element hinzu: Er sortierte die **10 Dow-Jones-Werte mit der höchsten Dividendenrendite nach dem optisch niedrigsten Börsenkurs**. Daraus wählte er die 5 Dow-Jones-Aktien mit dem optisch niedrigsten Kurs. Der Grund: O'Higgins hatte beobachtet, dass Aktien mit einem niedrigen Börsenkurs eine höhere Kursvolatilität aufweisen.

Wir erinnern uns: Benjamin Graham lehrte uns, dass eine hohe Kursvolatilität bei Substanzwerten nicht auf ein Risiko hindeutet, da diese Unternehmen fundamental sicher sind. Im Umkehrschluss bedeutet dies, dass eine hohe Kursvolatilität bei Dow-Aktien eher als eine Chance aufzufassen ist, falls temporäre Probleme zu einem Kurssturz führen. James O'Shaughnessy hat in einer empirischen Untersuchung, die bis in das Jahr 1928 zurückreicht, die Annahme von Michael O'Higgins bestätigt.

Die folgende Tabelle zeigt die Ergebnisse der Untersuchung von James O'Shaughnessy für den Zeitraum 1928 bis 1991:

Strategie	Volatilität p.a.
10 Dogs of the Dow	22,14 %
O'Higgins-Strategie	25,10%

Volatilität (gemessen als Standardabweichung in % p.a.)
der zugrunde liegenden Strategien für den Zeitraum 1928 bis 1991

Wir stellen fest, dass die 5 optisch billigsten Aktien im Dow Jones volatiler sind. Das nahm Michael O'Higgins zum Anlass, seine Strategie folgendermaßen zu definieren: Stellen Sie am Ende des Börsenjahres (31.12.) fest, welche 10 Dow-Jones-Aktien die höchste Dividendenrendite aufweisen. Kaufen Sie daraus zu Beginn eines Jahres (01.01.) die 5 Dow-Jones-Aktien mit dem optisch niedrigsten Aktienkurs zu gleichen Anteilen und halten Sie die Aktien ein Jahr lang unverändert in Ihrem Depot. Nach einem Jahr stellen Sie Ihr Depot anhand dieser Kriterien neu zusammen.

Die Strategie von Michael O'Higgins trägt den Namen „Small Dogs of the Dow" oder „Low-5"-Strategie oder einfach nur „O'Higgins-Strategie". Michael O'Higgins wählte den 31.12. eines Jahres als festen Bezugspunkt aus, um empirische Tests durchzuführen. Sie können natürlich auch einen anderen Zeitpunkt wählen und dann nach der O'Higgins-Strategie vorgehen. Sie können die Dividendenrendite einer Aktie nach der Formel „Jahresdividende pro Aktie dividiert durch den aktuellen Aktienkurs" selbst ermitteln und ein Depot nach der O'Higgins-Strategie auflegen.

Michael O'Higgins führte auch ein Backtesting seiner Strategie durch und kam zu dem Ergebnis, dass seine Strategie über einen längeren Zeitraum hinweg den zugrunde liegenden US-Leitindex Dow Jones systematisch schlug:

Zeitperiode	alle Aktien des Dow Jones	O'Higgins-Strategie
1973–1998	13,0%	20,70%

Die Kursperformance der O'Higgins-Strategie im Vergleich zum Dow Jones (in % p.a.)

Zum Vergleich: In den Jahren 1991 bis 2001 erzielte die „Dogs of the Dow"-Strategie eine Performance von 15,0% p.a. Das ist weniger als die O'Higgins-Strategie und sogar weniger als die Performance des Dow Jones. Die O'Higgins-Strategie schnitt in den letzten Jahren im Vergleich zum Dow Jones nicht so gut ab.

Das beweist, dass es sich um eine langfristige Strategie handelt, die nicht unbedingt permanent funktioniert.

Zeitperiode	alle Aktien des Dow Jones	O'Higgins-Strategie
1997	24,90%	20,50%
1998	17,90%	12,30%
1999	27,20%	−5,00%
2000	−4,70%	12,0%
2001	−5,40%	−3,0%

Die Kursperformance der O'Higgins-Strategie im Vergleich zum Dow Jones von 1997–2001. In den Jahren 1997, 1998 und 1999 hat die Strategie nicht funktioniert.

Ein weiterer Grund, warum die O'Higgins-Strategie in diesen Jahren nicht mehr gut funktioniert, ist die hohe Anzahl der professionellen und privaten Anleger, die sich nach dieser Strategie richten. Experten schätzen, dass professionelle Anleger in den USA mittlerweile rund 40 Mrd $ nach dieser Strategie anlegen.

„Beating the DAX"

Die Investmentbank Merrill Lynch hat die Dow-Dividenden-Strategie auf diversen Aktienmärkten weltweit getestet und kam zu dem Ergebnis, dass die Strategie von Michael O'Higgins in Europa nur in Deutschland hervorragende Ergebnisse liefert. Nach einer Studie von GeneralCologne Re Capital GmbH im Auftrag des Verlags für die Deutsche Wirtschaft AG, Bonn, ergaben sich über einen Zeitraum von 20 Jahren folgende Resultate:

01/82–09/01	kumulierte Rendite	Rendite p. a.	Volatilität p. a.
DAX	938,79%	12,64%	19,99%
O'Higgins-Strategie	5.556,08%	22,78%	20,97%

Vergleich der O'Higgins-Strategie mit der Kurs-Performance des DAX für den Zeitraum von Januar 1982 bis September 2001

Ein weiteres Ergebnis der Studie war der höchste Kursgewinn/Kursverlust beim DAX und bei der O'Higgins-Strategie:

O'Higgins-Strategie		DAX	
Jahresgewinn max.	Jahresverlust min.	Jahresgewinn max.	Jahresverlust min.
74,32%	−20,88%	66,43%	−30,18%
1.1.1994	1.1.1991	1.1.1986	1.1.1988

Höchster Gewinn und Verlust innerhalb des Jahres bei der O'Higgins-Strategie und dem DAX

Zudem war gemäß der Studie in der Zeit von 01/1982 bis 09/2001 die Wahrscheinlichkeit dafür, dass der DAX eine negative Rendite aufwies, viel höher als bei der O'Higgins-Strategie:

01/1982–09/2001	Wahrscheinlichkeit für eine negative Rendite
DAX	24,21%
O'Higgins-Strategie	13,80%

In der nachstehenden Tabelle sind die Jahresrenditen des DAX und der O'Higgins-Strategie (Low 5) für die Jahre von 1986 bis Ende 2004 einzeln aufgeführt:

Jahr	DAX	O'Higgins-Strategie	Differenz in %-Punkten
1986	6,60%	9,0%	+2,4
1987	−30,2%	−10,4%	+19,8
1988	33,4%	71,1%	+37,7
1989	32,8%	51,9%	+19,1
1990	−20,4%	−22,6%	−2,2
1991	11,8%	13,5%	+1,7
1992	−2,1%	1,3%	+3,4
1993	43,3%	71,2%	+27,9
1994	−4,8%	5,0%	+9,8
1995	7,0%	9,2%	+2,2
1996	28,2%	40,6%	+12,4
1997	47,1%	42,5%	−4,6
1998	17,0%	17,1%	+0,1
1999	39,0%	62,5%	+23,5
2000	-7,6%	1,6%	+9,1
2001	−19,2%	−24,5%	−5,4
2002	−43,9%	−41,8%	+2,1
2003	32,6%	60,1%	+27,5
2004	9,6%	9,6%	0,0

Die Tabelle zeigt deutlich den Vergleich der O'Higgins-Strategie mit dem DAX für den Zeitraum von 1986 bis 2004. Das Durchschnittsergebnis des DAX lag bei 9,5% p. a., mit der O'Higgins-Strategie bei 20,4% p. a.

Diese Zahlen verdeutlichen auch, dass sich eine langfristig orientierte Strategie nach O'Higgins (Low-5-Strategie) lohnt. Im Zeitraum von 1986 bis Mitte 2004 ist im Durchschnitt trotz der schwachen Jahre 1987, 1990, 2001 und 2002 eine deutliche Überrendite gegenüber dem „Markt" von durchschnittlich 10,8 Prozentpunkten erzielt worden!

Zusammenfassung der O'Higgins-Strategie

❑ Wählen Sie die 10 Aktien aus dem DAX- oder Dow-Jones-Index mit der höchsten Dividendenrendite.

❑ Wählen Sie daraus die 5 Aktien mit dem niedrigsten Kurs (O'Higgins-Strategie oder Low-5-Strategie).

❑ Investieren Sie in alle 5 Aktien den gleichen Geldbetrag.

❑ Warten Sie 12 Monate und schichten Sie dann Ihr Depot entsprechend wieder um.

❑ Die O'Higgins-Strategie ist einfach, sicher und führt zu (Über-)Renditen.

❑ Beachten Sie: Das ist eine langfristige Strategie. Vergangene Erfolge sind keine Garantie für die Zukunft.

3.3   Robert Sheard

Nach der Veröffentlichung der Low-5-Strategie im Jahr 1991 im Buch „*Beating the Dow*" gab es zahlreiche Versuche, die O'Higgins-Strategie zu modifizieren, um damit eine noch höhere Rendite zu erzielen.

Wir wollen Ihnen in diesem Abschnitt einige Strategien von Robert Sheard vorstellen. Er übernahm die O'Higgins-Strategie, modifizierte sie und erzielte damit eine weit höhere Rendite als mit der Low-5-Strategie.

Der Grundgedanke von Robert Sheard war simpel: Er führte in der Low-5-Strategie Gewichtungen ein. Er nahm die 5 mittels der O'Higgins-Strategie ermittelten Aktien nicht 1:1 in sein Depot auf, sondern gewichtete sie derart, dass er den ihm zur Verfügung stehenden Geldbetrag ungleich auf die Aktien verteilte. Der Grund: Robert Sheard hatte beobachtet, dass die Aktien im Low-5-Depot sich völlig uneinheitlich entwickeln. Er ging deshalb dazu über, diejenigen Aktien im Low-5-Depot geringer zu gewichten, die systematisch und dauerhaft eine geringere Kurs-Performance aufwiesen.

Das Ausgangsdepot von Robert Sheard ist das Low-5-Depot gemäß der O'Higgins-Strategie, d.h. die 5 aus den 10 dividendenträchtigsten Dow-Aktien, die den optisch niedrigsten Aktienkurs aufweisen.

Low-4-Strategie (Motley-Fool-Strategie)

O'Higgins hatte in seinem Buch „Beating the Dow" die Beobachtung gemacht, dass sich die Dow-Aktie mit dem niedrigsten Kurs aus dem Low-5-Depot sehr schlecht entwickelt. Er äußerte die Vermutung, dass das Unternehmen in einer fundamental sehr schwierigen Lage stecken müsse. Die Aktie des Unternehmens brauche somit länger als 1 Jahr, um sich wieder zu erholen. Im Gegensatz dazu legte die Aktie mit dem zweitniedrigsten Kurs erstaunlich gut zu. Robert Sheard diskutiert deshalb in seinem Buch die Möglichkeit, die Aktie mit dem optisch niedrigsten Aktienkurs vollständig aus dem Depot zu entfernen und dafür die Aktie mit dem zweitniedrigsten Aktienkurs doppelt zu gewichten.

Diese Variante der Low-5-Strategie von O'Higgins war ursprünglich von Motley Fool entwickelt worden. Die folgende Tabelle zeigt die zugrunde liegenden Gewichtungen im Low-5-Depot gemäß der Low-4-Strategie:

Low-5-Depot	Gewichte
niedrigster Aktienkurs	0,0%
zweitniedrigster Aktienkurs	40,0%
drittniedrigster Aktienkurs	20,0%
viertniedrigster Aktienkurs	20,0%
fünftniedrigster Aktienkurs	20,0%

Low-2-Strategie

Robert Sheard machte die Beobachtung, dass die Aktie mit dem niedrigsten Kurs aus dem Low-5-Depot sich nur dann schlecht entwickelt, wenn sie zugleich die höchste Dividendenrendite von allen 10 „Dogs of the Dow"-Aktien besitzt. In einem solchen Fall nimmt er die Aktie überhaupt nicht in sein Depot auf. Dafür kommen die Aktien mit dem zweit- und drittniedrigsten Kurs gleichgewichtet ins Depot.

Wenn aber die Aktie mit dem optisch niedrigsten Kurs nicht die höchste Dividendenrendite aufweist, wird sie gleichgewichtet mit der Aktie mit dem zweitniedrigsten Kurs ins Depot aufgenommen.

Bei dieser Strategie befinden sich demnach immer Aktien von zwei verschiedenen Unternehmen im Depot, die jeweils mit 50% gewichtet werden.

Low-5-Depot	Gewichte
niedrigster Aktienkurs	50% oder 0,0%
zweitniedrigster Aktienkurs	50,0%
drittniedrigster Aktienkurs	0,0% oder 50,0%
viertniedrigster Aktienkurs	0,0%
fünftniedrigster Aktienkurs	0,0%

Low-1-Strategie

Bei dieser Strategie wird nur die Aktie mit dem optisch zweitniedrigsten Aktienkurs ins Depot aufgenommen. Dieser Strategie liegt die Beobachtung zugrunde, dass sich die Aktie mit dem optisch zweitniedrigsten Kurs besser als die anderen entwickelt.

Low-5-Depot	Gewichte
niedrigster Aktienkurs	0,0%
zweitniedrigster Aktienkurs	100,0%
drittniedrigster Aktienkurs	0,0%
viertniedrigster Aktienkurs	0,0%
fünftniedrigster Aktienkurs	0,0%

Bei allen Strategien wird das Depot jährlich neu zusammengestellt. Robert Sheard unterzog die hier vorgestellten Strategien einem Backtesting und kam zum folgenden Ergebnis:

Zeitperiode	Low-2	Low-1	Low-4	Dow Jones 30
1971–1996	25,81% p.a.	24,64% p.a.	22,91% p.a.	13,30% p.a.

Performance der modifizierten O'Higgins-Strategien
für die Jahre 1971 bis 1996 (in % pro Jahr)

Erläuterung:
Dow-Jones-30: alle Aktien des Dow Jones
Low-4: die 4 Aktien aus dem Low-5-Depot nach Robert Sheard
(diese Strategie wurde früher von Motley Fool vertreten;
inzwischen nahm Motley Fool weitere Modifikationen vor)
Low-2: die 2 Aktien nach den Kriterien von R. Sheard
Low-1: die Aktie aus dem Low-5-Depot mit dem zweitniedrigsten Kurs

Wir stellen fest, dass über einen Zeitraum von 26 Jahren die Low-2-Strategie nach Robert Sheard im Vergleich zum Dow-Jones-Index eine annähernd **doppelt so gute Performance** aufwies. Das darf angesichts des „Wunders der Zinseszinsen" nicht unterschätzt werden. Wenn Sie im Zeitraum von 1971 bis 1996 Ihr Depot nach der Low-2-Strategie von Robert Sheard jährlich neu zusammengestellt hätten, wäre Ihr Kapital von 10.000 $ auf über 3,9 Mio $ angewachsen. Dagegen hätte eine Anlage in den Dow Jones im gleichen Zeitraum nur 257.026 $ erbracht.

Die hier vorgestellten Strategien übertrumpfen sogar das Low-5-Depot der Strategie von O'Higgins. Das Low-5-Depot nach der O'Higgins-Strategie brachte im Zeitraum 1973 bis 1998 eine Rendite von 20,70% p.a. ein.

Beachten Sie, dass Sie ein **höheres Risiko** in Kauf nehmen, um diese hohe Rendite von Robert Sheard zu erzielen. Bei der Low-2-Strategie haben Sie Aktien von nur 2 Unternehmen in Ihrem Depot. Sie kennen die Weisheit: „Legen Sie nicht alle Eier in einen Korb". Die Dow-Jones-Werte sind zwar fundamental sicher, bieten aber keinen vollständigen Schutz vor Verlusten. Sie erinnern sich: Benjamin Graham, der Begründer der Dow-Strategie, gab den Anlegern den Rat, mindestens 6 Dow-Aktien ins Depot aufzunehmen; auf keinen Fall sollten es weniger sein. Michael O'Higgins reduzierte die Anzahl der Aktien auf 5. Das ist akzeptabel. Die Strategien von Robert Sheard bergen aber ein hohes Risiko.

Die folgende Tabelle listet nochmals die jährlichen Renditen der wichtigsten Strategien im Detail auf. Die Tabelle macht das hohe Risiko der Low-1-Strategie deutlich. Im Jahr 1994 haben Anleger, die ihr Depot jährlich nach dieser Strategie umschichten, einen horrenden Verlust von 37,4% hinnehmen müssen. Damit brach das Depotvermögen um mehr als 1 Drittel ein, während der Dow Jones im Jahr 1994 eine positive Rendite von 4,9% aufwies.

Jahr	Low-1	Low-5	10 Dow Dogs	Dow Jones 30
1973	73,4%	19,6%	3,9%	−13,1%
1974	−41,7%	−3,8%	−1,3%	−23,1%
1975	157,2%	70,1%	55,9%	44,4%
1976	55,1%	40,8%	34,8%	22,7%
1977	4,3%	4,5%	0,9%	−12,7%
1978	1,0%	1,7%	−0,1%	2,7%
1979	−10,1%	9,9%	12,4%	10,5%
1980	50,6%	40,5%	27,2%	21,5%
1981	27,3%	0,0%	5,0%	−3,4%
1982	95,3%	37,4%	23,6%	25,8%
1983	36,1%	36,1%	38,7%	25,7%
1984	−2,8%	12,6%	7,6%	1,1%
1985	26,4%	37,8%	29,5%	32,8%
1986	29,6%	27,9%	32,1%	26,9%
1987	3,3%	11,1%	6,1%	6,0%
1988	19,5%	18,4%	22,9%	16,0%
1989	12,9%	10,5%	26,5%	31,7%
1990	−17,4%	−15,2%	−7,6%	−0,4%
1991	185,6%	61,9%	39,3%	23,9%

Jahr	Low-1	Low-5	10 Dow Dogs	Dow Jones 30
1992	69,1%	23,1%	7,9%	7,4%
1993	39,1%	34,3%	27,3%	16,8%
1994	−37,4%	8,6%	4,1%	4,9%
1995	21,7%	30,5%	36,7%	36,4%
1996	28,1%	26,0%	27,9%	28,9%
1997	51,8%	20,5%	21,9%	24,9%
1998	21,9%	12,3%	10,6%	17,9%
(p.a.)	**26,3%**	**20,7%**	**17,9%**	**13,0%**

Erläuterung:
Dow Jones 30: alle Aktien des Dow Jones
10 Dow Dogs: die 10 Aktien aus dem Dow Jones mit der höchsten
Dividendenrendite („Dogs of the Dow")
Low-5: die 5 Aktien aus den 10 Dogs of the Dow mit dem
optisch niedrigsten Kurs
Low-1: die Aktie aus dem Low-5-Depot mit dem zweitniedrigsten Kurs

Seien Sie sich der Tatsache bewusst, dass sich die Strategien von Robert Sheard – wenn überhaupt – nur für einen Teil des gesamten Depotvermögens eignen.

Die Strategie von Robert Sheard

❑ Wählen Sie die 10 Aktien aus dem Dow Jones mit der höchsten Dividendenrendite.

❑ Wählen Sie daraus die 5 Aktien mit dem niedrigsten Kurs (O'Higgins-Strategie oder Low-5-Strategie).

❑ Modifizieren Sie die O'Higgins-Strategie nach den Kriterien von Robert Sheard.

❏ **Low-4-Strategie (Motley Fool)**
  Entfernen Sie aus dem Low-5-Depot die Aktie mit dem optisch niedrigsten Kurs. Gewichten Sie die Aktie mit dem zweitniedrigsten Kurs mit 40% und alle anderen Aktien mit jeweils 20%.

❏ **Low-2-Strategie**
  Wenn die Aktie mit dem niedrigsten Kurs auch die höchste Dividendenrendite unter den 10 „Dogs of the Dow" besitzt, wird sie eliminiert. Dann kommen die Aktien mit dem zweit- und drittniedrigsten Kurs gleichgewichtet ins Depot. Ansonsten kommen die Aktien mit dem niedrigsten und dem zweitniedrigsten Kurs gleichgewichtet ins Depot.

❏ **Low-1-Strategie**
  Die Aktie mit dem zweitniedrigsten Kurs kommt mit einer Gewichtung von 100% ins Depot. Diese Variation stammt ursprünglich von O'Higgins.

❏ Warten Sie 12 Monate und schichten Sie dann Ihr Depot nach denselben Kriterien wieder um.

❏ Die Strategien sind einfach und führen zu (Über-)Renditen gegenüber der O'Higgins-Strategie. Allerdings ist das Risiko auch ungleich größer. Legen Sie deshalb – wenn überhaupt – nur einen Teil Ihres Vermögens nach diesen Strategien an.

❏ Beachten Sie: Das sind langfristige Strategien. Vergangene Erfolge sind keine Garantie für die Zukunft.

„Beating the DAX"

Wie wir im vorhergehenden Abschnitt zeigten, war die O'Higgins-Strategie für den DAX sehr erfolgreich. Wir haben in Anlehnung an die O'Higgins-Strategie für Sie einige interessante Modifikationen getestet.

Zweijährige Anpassung

Bei der ursprünglichen O'Higgins-Strategie erfolgt die Neuordnung des Depots zu Beginn jedes Kalenderjahres. Eine Alternative besteht darin, den Austausch der Aktien im 2-Jahres-Rhythmus vorzunehmen. Da beim 2-Jahres-Rhythmus jeweils 1 Jahr aus der ursprünglichen Strategie nicht berücksichtigt wird, wurde außer einem Portfolio mit ungeraden Einstiegsjahren auch ein Portfolio mit geraden Einstiegsjahren gebildet.

Beide Portfolios wurden der Zeitachse nach übereinander gelegt, um eine gemittelte Renditezahl aus geradem und ungeradem Jahresportfolio zu erhalten.

Die folgende Tabelle beweist, dass die modifizierte O'Higgins-Strategie der ursprünglichen jährlichen Portfolio-Anpassung unterlegen ist:

Jahr	O'Higgins-Strategie	2-Jahres-Strategie
1988	85,87%	85,87%
1989	61,20%	64,13%
1990	−26,79%	−21,94%
1991	23,76%	24,74%
1992	0,37%	−0,35%
1993	76,61%	70,78%
1994	−8,91%	−4,34%
1995	5,20%	10,16%
1996	41,08%	44,15%
1997	90,73%	81,17%
1998	44,30%	17,40%
1999	60,34%	52,54%
2000	5,89%	−7,63%
2001	−22,56%	−20,44%
Durchschnitt (p.a.)	25,31%	23,08%

Vergleich der 2-Jahres-Strategie mit der nicht modifizierten O'Higgins-Strategie

Halbjährliche Anpassung

Wir wollen darüber hinaus die Strategie behandeln, die Aktien im 6-Monats-Rhythmus auszutauschen. Nach einer Studie von GeneralCologne Re Capital GmbH ergaben sich über einen Zeitraum von 20 Jahren folgende Resultate:

01/82–09/01	kumulierte Rendite	Rendite p. a.	Volatilität p. a.
O'Higgins-Strategie	5.556,08%	22,78%	20,97%
6-Monats-Strategie	3.414,82%	19,84%	20,78%

Vergleich der 6-Monats-Strategie („modifizierte O'Higgins-Strategie")
mit der O'Higgins-Strategie und der Kurs-Performance des DAX für den
Zeitraum von Januar 1982 bis September 2001

Wir stellen fest, dass die originale O'Higgins-Strategie bessere Ergebnisse liefert. Demnach besteht kein Anlass, von der ursprünglichen O'Higgins-Strategie abzuweichen und das Depot alle 6 Monate neu zusammenzusetzen. Dabei haben wir noch nicht einmal die Transaktionskosten und Steuern berücksichtigt! Darüber hinaus zeigt uns die Studie, dass bei der 6-Monats-Strategie im Zeitraum 01/1982 bis 09/2001 eine höhere Wahrscheinlichkeit für eine negative Rendite existierte:

01/1982–09/2001	Wahrscheinlichkeit für eine negative Rendite
O'Higgins-Strategie	13,80%
6-Monats-Strategie	16,34%

Steuern und Transaktionskosten

Bislang blieben Steuern und Transaktionskosten unberücksichtigt. Die Studie von GeneralCologne Re Capital führte ein Backtesting der O'Higgins-Strategie und 6-Monats-Strategie unter Berücksichtigung von Steuern und Transaktionskosten (0,1% Kosten für den An- und Verkauf sowie 0,1% Market-Impact-Kosten) durch. Bei der Studie unterstellen wir einen Steuersatz von 50% auf Dividenden; Steuern auf Kursgewinne werden nicht berücksichtigt.

01/82–09/01	kumulierte Rendite	Rendite p.a.	Volatilität p.a.
DAX	938,79%	12,64%	19,99%
O'Higgins-Strategie	4.666,67%	21,71%	20,94%
6-Monats-Strategie	2.802,59%	18,68%	20,72%

Vergleich der 6-Monats-Strategie („modifizierte O'Higgins-Strategie")
mit der O'Higgins-Strategie im Falle der Berücksichtigung von Steuern und
Transaktionskosten für den Zeitraum von Januar 1982 bis September 2001

Wir stellen fest, dass sich an den Ergebnissen nicht viel ändert. Die Netto-rendite geht um knapp 1 Prozentpunkt zurück (im Vergleich zu den Strategien ohne Steuern und Transaktionskosten).

Zusammenfassung

❑ Eine zweijährige Anpassung der Aktien im Depot bringt gegenüber der ursprünglichen O'Higgins-Strategie keinen Vorteil.

❑ Ebenso bringt eine halbjährliche Anpassung der Aktien im Depot keinen Vorteil.

❑ Steuern und Transaktionskosten ändern nichts an der grundlegenden Feststellung, dass die O'Higgins-Strategie zu deutlichen Überrenditen gegenüber dem DAX führt.

❑ Beachten Sie: Das ist eine langfristige Strategie. Vergangene Erfolge sind keine Garantie für die Zukunft.

3.4 Schlussbemerkungen

Michael O'Higgins hat auf der Grundlage der antizyklischen Dow-Strategie von Benjamin Graham eine simple Strategie entwickelt, mit der Sie einfach und mit minimalem Research-Aufwand hohe (Über-)Renditen erzielen können. Mit der O'Higgins-Strategie lassen sich die Leitindizes Dow Jones und DAX nachhaltig und systematisch schlagen. Das bedeutet nicht, dass Sie mit dieser Strategie in bestimmten Jahren keine Verluste machen können.

Zum Vergleich: Auf der Basis von offiziellen Micropal-Daten lässt sich verdeutlichen, dass in einer 10-Jahres-Betrachtung nur 14% von 57 weltweit anlegenden Fonds besser waren als ihr Index, von 44 Europa-Fonds schlugen nur 11% ihre Benchmark, d. h. 89% schnitten schlechter ab!

Sie können also mit einer einfachen Strategie sowohl den Markt als auch die meisten Portfoliomanager abhängen! Das ist der wahre Grund für die große Beliebtheit der O'Higgins-Strategie. Voraussetzungen für den Erfolg sind Geduld und Disziplin des Anlegers, um seine Emotionen (Angst und Gier) unter Kontrolle zu halten.

Die Modifikationen von Robert Sheard führen zu einer höheren Rendite, bergen aber zugleich höhere Risiken. Nichtsdestotrotz machen die Strategien deutlich, dass der breite Markt zu schlagen ist.

Steuern und Transaktionskosten haben wir – außer im letzten Abschnitt – nicht mit einbezogen. Transaktionskosten sind aufgrund der geringen Transaktionshäufigkeit, die mit dieser Strategie verbunden ist, und aufgrund der niedrigen Gebühren bei Discount-Brokern vernachlässigbar (das macht der letzte Abschnitt deutlich).

Derzeit gilt in Deutschland die Steuerfrist von einem Jahr. Kursgewinne aus privaten Veräußerungsgeschäften, die beim Kauf und Verkauf von Aktien anfallen, sind nach einem Jahr steuerfrei.

Dividenden werden in Deutschland nach dem Halbeinkünfteverfahren zur Hälfte angesetzt und mit dem persönlichen ESt-Satz besteuert.

Für schweizerische Anleger sind realisierte Kapitalgewinne steuerfrei. Aber Achtung: In der Schweiz werden gewerbsmäßige Kapitalgewinne von Privatpersonen prinzipiell versteuert. Die Einschätzung ist Ermessenssache der kommunalen (bzw. kantonalen) Steuerbehörden.

4 Cornerstone-Growth-Strategie

Investieren mit den Kennzahlen von O'Shaughnessy

Die meisten Privatanleger, so die Erfahrung des verstorbenen Börsengurus André Kostolany, agieren an der Börse nicht wie vernünftige Geldanleger, sondern wie Spieler am Roulette-Tisch.

Wer ständig kauft und verkauft und nur den neuesten Tipps und Trends nachjagt, macht nicht sich selbst, sondern über Spesen und Gebühren vor allem die Banken und Brokerhäuser reich („Hin und her macht Taschen leer").

Vor solchem Verhalten warnt einer der renommiertesten US-Finanzexperten, dessen Publikationen zur quantitativen Aktienanalyse von nahezu allen großen Wirtschaftsmagazinen gefeiert wurden: James P. O'Shaughnessy.

Seine Devise: *„Anleger sollten sich wie Odysseus an den Mast binden, um den Sirenenrufen in Form von Gerüchten an der Börse zu widerstehen, und streng bei Ihrer Anlage-Strategie bleiben."*

Denn entscheidend für den Anlage-Erfolg ist nicht nur die richtige Auswahl der Papiere, sondern auch die Geduld, langfristig engagiert zu bleiben. Nur wer einen klaren Plan verfolgt und sich nicht von kurzfristigen Entwicklungen irritieren lässt, kann auf Dauer an der Börse Geld verdienen.

Sklavisch durchhalten

O'Shaughnessy untersuchte erstmals empirisch, welche Strategien an der Börse auf lange Sicht wirklich zum Erfolg führen. Das Ergebnis seiner Computeranalyse der Daten von 44 Jahren zwischen 1952 und 1996 zeigt, warum es sich lohnt, Anlage-Strategien genau zu vergleichen.

Aus 10.000 $, die Ende Dezember 1952 an der Wall Street in ausgewählte US-Werte, die bestimmte Kriterien erfüllen, angelegt wurden, waren mit der besten von O'Shaughnessy untersuchten Strategie bis Ende 1996 stolze 13 Mio $ geworden, eine Rendite von durchschnittlich 18,6% pro Jahr. Der S&P 500 schaffte in diesem Zeitraum im Schnitt 11,5% jährlich. Der schlechteste Anlageplan ergab dagegen in gut 4 Jahrzehnten lediglich 2,6% pro Jahr bzw. eine Verdreifachung des eingesetzten Kapitals auf 30.000 $.

Nach Abschluss seiner Analysen war sich O'Shaughnessy sicher: Der Markt belohnt bestimmte Anlage-Strategien, während er andere bestraft. Wenn diese These zutrifft, warum gelingt es dann nur ganz wenigen professionellen Fondsmanagern, Indizes wie den DAX, Dow Jones oder S&P 500 zu schlagen? Die Antwort: mangelnde Disziplin. O'Shaughnessy's oberstes Gebot lautet daher: sklavisches Durchhaltevermögen. Genau deshalb vertraut er bei seinen Investitionen auf Computer und nicht auf Gefühle: *„Computermodelle haben keine Launen, keinen Streit mit ihrer Frau und keinen dicken Kopf von der Nacht zuvor."* Und: Computer lassen sich nicht von alten Mythen verleiten. Mit diesen räumt O'Shaughnessy mächtig auf.

Kurzzeitstudien führen zu verzerrten Ergebnissen

Schauen wir auf die boomenden 1960er-Jahre zurück. Damals konnten tüchtige Fondsmanager innerhalb kurzer Zeit noch ein Vermögen machen. Sie setzten auf wachstumsstarke Unternehmen, und die Strategie ging auch tatsächlich auf. Zwischen 1963 und 1968 wurden aus 10.000 $, die in die 50 wachstumsstärksten Gesellschaften angelegt wurden, 35.000 $ – eine Rendite von 28% pro Jahr. Der marktbreite S&P 500 erzielte im gleichen Zeitraum nur 10% pro Jahr. In den folgenden 5 Jahren führte diese Strategie allerdings nicht mehr zum Erfolg. Das wachstumsorientierte Depot büßte über die Hälfte an Wert ein. Der S&P 500 legte hingegen um 2% zu. Eine ähnliche Entwicklung haben wir zwischen 1996 und Anfang 2000 erlebt.

Viele Menschen glauben immer, dass heute alles ganz anders ist als früher und dass die Anleger von heute ihre Entscheidungen anders treffen müssen als gestern. Isaac Newton, der bei der „South Sea Bubble", einem historischen Börsencrash, ein Vermögen verlor, sagte einmal: *„Ich* *kann zwar die Bewegung der Himmelskörper berechnen, nicht aber die Bewegung der Börse."* Und genau dies ist der Punkt, warum Investitions-entscheidungen auf langfristigen Erhebungen beruhen müssen.

Der Kurs einer Aktie wird von Menschen bestimmt, deren Urteilsvermö-gen von Gier, Angst, Hoffnung und Ignoranz vernebelt wird. Dies führt zu falschen Preisen, die mit der richtigen Anlage-Strategie ausgenutzt werden können. Die Namen der Spieler wechseln. Die Branchen, die gerade in Mode sind, kommen und gehen. Was bleibt, sind die fundamentalen Eigen-schaften, die ein gutes von einem schlechten Investment unterscheiden.

4.1 Kriterien von O'Shaughnessy

O'Shaughnessy hat herausgearbeitet, dass die Beachtung bestimmter Kenn-zahlen über einen langen Zeitraum wesentlich für den Anlage-Erfolg ist.

❏ Marktkapitalisierung

In die Betrachtung kommen zunächst nur solche Unternehmen, deren Marktkapitalisierung bzw. Börsenwert höher ist als 150 Mio $. Grund: Die Aktien kleiner Gesellschaften sind auf Grund ihrer Marktenge vielfach kaum handelbar.

❏ Konstante Gewinnentwicklung

Entgegen der Auffassung vieler Investoren sind die Verlierer des vergan-genen Jahres, also diejenigen Papiere mit den schwächsten prozentualen Veränderungen des Gewinns pro Aktie, auch in diesem Jahr keine gute Kaufgelegenheit. Historisch betrachtet gehören sie sogar zu den schlech-testen Aktien (Verlierer bleiben Verlierer).

Andererseits erweisen sich die Aktien mit dem höchsten Gewinnzu-wachs im Vergleich zum Vorjahr langfristig gesehen auch nur als durch-schnittlich. Zu oft schlägt das Pendel im Folgejahr wieder in die andere Richtung aus. Die Gewinnsteigerungsrate des letzten Jahres ist isoliert betrachtet wertlos, um ein gutes Investment herauszupicken. Entschei-dend ist vielmehr der Nachweis eines konstanten Gewinnwachstums über einen längeren Zeitraum.

❑ **Kurs-Gewinn-Verhältnis (KGV)**

Wer auf Papiere mit einem hohen KGV setzt, wagt ein riskantes Spiel. Die aktuellen Lieblinge des Marktes mit den höchsten KGVs zu erwerben ist einer der größten Fehler. Anleger, die Anfang 2000 kurz vor dem Platzen der Hightech-Blase noch in Unternehmen wie Cisco, Sun Microsystems, Juniper Networks, EMC, Nokia oder in den Neuen Markt eingestiegen sind, können ein Lied davon singen. Wer ständig mehr als das 20fache des Gewinns je Aktie bezahlt, verschenkt auf lange Sicht viel Geld. Ebenso ist ein niedriges KGV grundsätzlich kein Garant für den Erfolg. Zu oft gibt es einen Grund für die geringe Bewertung, wenn nämlich die Gewinnschätzungen zurückgenommen werden müssen.

Gewinn bringend ist es aber, wenn Sie sich für große, bekannte Konzerne entscheiden, die ein niedriges KGV aufweisen.

❑ **Kurs-Umsatz-Verhältnis (KUV)**

Auf der Suche nach den Outperformern erwies sich das KUV als ein sehr wertvoller Indikator. Wer konstant jedes Jahr in die 50 US-Werte mit dem niedrigsten KUV investierte, erreichte im Zeitraum 1952 bis 1996 eine durchschnittliche jährliche Rendite von 16%.

❑ **Dividendenrendite**

Auch bei der Aktienauswahl nach der Dividendenhöhe sollten Anleger vorsichtig sein. O'Shaughnessy hat nachgewiesen, dass die Effektivität von hohen Dividendenrenditen als Erfolgsindikator von der Größe des Unternehmens abhängt. Wer jedes Jahr in die 50 Werte mit der jeweils höchsten Dividendenrendite investierte, blieb weit hinter dem Markt zurück und hatte nach 45 Jahren gerade einmal 1,6 Mio $ erwirtschaftet. Wer sich hingegen konsequent nur auf die Blue Chips mit der höchsten Marktkapitalisierung und besten Dividendenrendite konzentriert hat, fuhr wesentlich besser und kam auf 2,9 Mio $. O'Shaughnessy räumt aber ein: Einfache, disziplinierte Strategien, wie jedes Jahr die 10 Werte des Dow Jones oder DAX mit der höchsten Dividendenrendite zu kaufen, haben sich in den letzten 70 Jahren ausgezahlt.

❑ **Relative Stärke**

Als gutes Auswahlkriterium erweist sich auch die Relative Stärke. Sie ist nach O'Shaughnessy die einzige Wachstumsvariable, die den Markt beständig schlägt. Die einfache Regel: Werte mit schlechter Kursentwicklung im Vergleich zum Vorjahr bleiben schlechte Investments. Wer dagegen immer in die 50 Werte investierte, die sich im Vorjahr am besten entwickelten – die also ein hohes Momentum aufwiesen –, konnte in den USA langfristig 14% Gewinn pro Jahr verbuchen (Gewinner bleiben Gewinner, The Trend is your Friend).

Fazit: Die Kombination mehrerer Kriterien als Königsweg (Cornerstone-Growth-Strategie)

Eine Kombination der wachstums- und wertorientierten Kriterien erwies sich in der Langzeitbetrachtung als Königsweg. Denn mit der Anzahl der einbezogenen Bestimmungsgrößen steigt der zu erwartende Anlage-Erfolg überproportional. Wer immer die Unternehmen mit

❑ einem Börsenwert von mehr als 150 Mio $

❑ einem KUV $\leqq 1,5$

❑ der höchsten Kurssteigerung im Vorjahr und

❑ einer konstanten Gewinnentwicklung in den letzten 5 Jahren

kaufte, konnte jährliche Renditen von durchschnittlich 18,6% verbuchen. Für die Untersuchungen wurde ein Depot angelegt, das am 31.12.1954 mit 10.000 $ startete, die in 50 Aktien mit der höchsten Relativen Stärke investiert wurden, wobei die übrigen Kriterien natürlich auch erfüllt sein mussten. Alle Werte waren gleich stark gewichtet. In jedem folgenden Jahr wurde überprüft, ob die Kriterien bei den Aktien weiterhin vorlagen. War das nicht der Fall, wurden sie ausgetauscht.

4.2 Studien zu Kennziffern

Studien zur Marktkapitalisierung, zum KGV, KCV, KBV und KUV

O'Shaughnessy hat in Einzeluntersuchungen unter Berücksichtigung verschiedener fundamentaler Kennzahlen bewiesen, dass eine Investition in unterbewertete Aktien langfristig gesehen Erfolg versprechender ist als der Kauf hoch bewerteter Unternehmen.

Zur Überprüfung der Hypothesen wurden dabei – außer für die Studien zur Marktkapitalisierung – Depots entsprechend der o. g. Strukturierung angelegt.

Studien zur Marktkapitalisierung – Sind Blue Chips anderen Aktien überlegen?

O'Shaughnessy unterscheidet zwei Gruppen von Aktien: die Gruppe „Alle Aktien" und die „Großen Aktien" (Blue Chips). „Große Aktien" sind diejenigen Unternehmen, deren Marktkapitalisierung über dem Durchschnitt aller Aktien liegt. Unter „Alle Aktien" werden diejenigen verstanden, deren Marktkapitalisierung mindestens 150 Mio $ beträgt.

In der folgenden Übersicht sehen Sie, dass sich „Alle Aktien" deutlich besser entwickelt haben als „Große Aktien". Die Frage: In wie vielen Perioden zwischen 1951 und 1996 schlagen „Alle Aktien" die „Großen Aktien"?

Periodenlänge (1951–1996)	„Alle Aktien" schlagen „Große Aktien" in ...	Prozent
Einzeljahre	26 von 45 Perioden	8%
5-Jahres-Perioden	30 von 41 Perioden	73%
10-Jahres-Perioden	27 von 36 Perioden	75%

Die nächste Tabelle gibt an, was eine Investition von 10.000 $ gebracht hätte. Zum Vergleich wird der Erfolg einer Anlage in den S&P 500 miteinbezogen.

„Alle Aktien"	„Große Aktien"	S&P 500
2.677.557 $	1.590.667 $	1.726.128 $

„Große Aktien" und der S&P 500 haben sich ähnlich entwickelt, was auch nicht weiter verwundert, denn eine Investition in den Index ist im Grunde nichts anderes als eine Wette auf die Wertentwicklung großer marktbreiter Blue Chips.

Studien zum KGV – Das Maß aller Dinge?

Für viele Anleger ist das KGV das wichtigste, oftmals sogar das einzige Kriterium, wenn es um die Bestimmung des Werts einer Aktie geht. Investoren, die auf niedrige KGVs setzen, gehen davon aus, ein Schnäppchen zu ergattern. Sie glauben generell, dass Käufer von Aktien mit einem hohen KGV unrealistisch hohe Erwartungen an das künftige Gewinnwachstum knüpfen.

Die nachstehende Übersicht zeigt, dass nach KGV hoch bewertete Aktien mit einem Börsenwert von mehr als 150 Mio $ wesentlich schlechter abschneiden als der Gesamtmarkt. Außerdem wird deutlich, dass sich niedrige KGVs vor allem langfristig auszahlen.

Hier lautet die Frage: In wie vielen Perioden haben sich hoch bewertete Aktien (KGV) besser entwickelt als der Gesamtmarkt?

Periodenlänge (1951–1996)	Die 50 Aktien mit den höchsten KGVs schlugen alle Aktien in ...	Prozent
Finzeljahre	16 von 45 Perioden	36%
5-Jahres-Perioden	11 von 41 Perioden	27%
10-Jahres-Perioden	4 von 36 Perioden	11%

In der folgenden Studie untersuchte Roger Ibbotson alle an der NYSE gehandelten Aktien vom 31.12.1966 bis zum 31.12.1984. Jedes Jahr bildete er aus allen Aktien 10 gleich große KGV-Gruppen.

Das Resultat: Hätte ein Investor jedes Jahr in das am niedrigsten bewertete Zehntel des Marktes investiert, hätte er eine jährliche Rendite von 14,08% erzielt. Das am höchsten bewertete Zehntel erreichte nur 5,58%. Die durchschnittliche Jahresrendite betrug im Beobachtungszeitraum 8,6%.

Was wäre aus 1.000 $ geworden, wenn Sie Ihr Geld jährlich in das am niedrigsten/höchsten bewertete (KGV) Zehntel des Aktienmarkts investiert hätten?

O'Shaughnessy prüfte, ob die von Ibbotson gefundenen Erkenntnisse auf alle Aktien zutreffen, unabhängig von der Höhe des Börsenwerts. Dazu teilte er den Markt in zwei Gruppen auf. Alle Aktien und die 16% mit dem höchsten Börsenwert. In beiden Gruppen entwickelten sich Depots mit

KGV-Gruppe	jährl. Rendite	aus 1.000 $ wurden (1966–1984)
1 (niedrigstes KGV)	4,08%	12.200 $
2	13,45%	11.670 $
3	0,95%	7.210 $
4	10,29%	6.430 $
5	9,20%	5.320 $
6	6,43%	3.270 $
7	7,00%	3.620 $
8	5,57%	2.800 $
9	5,50%	2.770 $
10 (höchstes KGV)	5,58%	2.810 $

hoch bewerteten Unternehmen wesentlich schlechter als Depots mit niedrig bewerteten. Große Unternehmen schnitten dabei noch um einiges besser ab als kleine und wiesen eine geringere Volatilität auf.

Treffen diese Erkenntnisse auf alle Aktien zu – unabhängig von der Höhe des Börsenwerts?

Börsenwert	KGV	aus 10.000 $ wurden (1951–1996)
hoch	hoch	646.963 $
hoch	niedrig	3.787.460 $
alle Aktien	hoch	558.065 $
alle Aktien	niedrig	2.125.935 $
Aktien mit einem hohen Börsenwert		1.590.667 $
alle Aktien		2.677.557 $

Studien zum KCV – Hohe Zahlungsströme zahlen sich aus

Da der Cash Flow schwieriger zu manipulieren ist als der ausgewiesene Gewinn, bevorzugen viele wertorientierte Anleger – besonders im anglo-amerikanischen Raum – das KCV, um günstige Aktien zu lokalisieren. In der Studie wird gezeigt, dass nach KCV hoch bewertete Aktien mit einem Börsenwert von mehr als 150 Mio $ wesentlich schlechter abschneiden als der Gesamtmarkt. Außerdem wird deutlich, dass sich niedrige KCVs vor allem langfristig auszahlen.

Die Frage: In wie vielen Perioden haben sich hoch bewertete Aktien (KCV) besser entwickelt als der Gesamtmarkt?

Periodenlänge (1951–1996)	Die 50 Aktien mit den höchsten KCVs schlugen alle Aktien in ...	Prozent
Einzeljahre	21 von 45 Perioden	47%
5-Jahres-Perioden	11 von 41 Perioden	27%
10-Jahres-Perioden	3 von 36 Perioden	8%

Treffen diese Erkenntnisse auf alle Aktien zu – unabhängig von der Höhe des Börsenwerts?

Börsenwert	KCV	aus 10.000 $ wurden (1951–1996)
hoch	hoch	718.758 $
hoch	niedrig	5.773.330 $
alle Aktien	hoch	334.876 $
alle Aktien	niedrig	4.483.126 $
Aktien mit einem hohen Börsenwert		1.590.667 $
alle Aktien		2.677.557 $

Studien zum KBV – Aktien mit einer hohen Ratio entwickeln sich lausig

Bei Aktien mit einem niedrigen KBV erhält man für sein Geld viel Substanz. Es wird nicht auf Gewinne oder Wachstum gesetzt, sondern auf das Verhältnis des Kurses zum inneren Wert der Aktie. Dieser Indikator ist in letzter Zeit etwas aus der Mode geraten. Teilweise wird argumentiert, dass ein gutes KBV besser ist, weil es für die Fähigkeit des Managements spricht, mit wenig Kapital einen hohen Börsenwert zu erzielen. O'Shaughnessy hat jedoch nachgewiesen, dass nach KBV hoch bewertete Aktien mit einem Börsenwert von mehr als 150 Mio $ langfristig deutlich schlechter abschneiden als der Gesamtmarkt.

Hier lautet die Frage: In wie vielen Perioden haben sich hoch bewertete Aktien (KBV) besser entwickelt als der Gesamtmarkt?

Periodenlänge (1951–1996)	Die 50 Aktien mit den höchsten KBVs schlugen alle Aktien in ...	Prozent
Einzeljahre	23 von 45 Perioden	51%
5-Jahres-Perioden	14 von 41 Perioden	35%
10-Jahres-Perioden	12 von 36 Perioden	33%

Treffen diese Erkenntnisse auf alle Aktien zu, unabhängig von der Höhe des Börsenwerts?

Börsenwert	KBV	aus 10.000 $ wurden (1951–1996)
hoch	hoch	893.583 $
hoch	niedrig	5.025.656 $
alle Aktien	hoch	380.440 $
alle Aktien	niedrig	5.490.122 $
Aktien mit einem hohen Börsenwert		1.590.667 $
alle Aktien		2.677.557 $

Studien zum KUV – Der König der wertorientierten Kennzahlen

Zu guter Letzt betrachten wir eine Kennzahl, die sich zugleich auch als die beste erweist.

Genauso wie Investoren, die Aktien mit einem günstigen KGV auswählen, sind auch die Liebhaber niedriger KUVs auf der Suche nach substanziell unterbewerteten Papieren. Es wird sogar vertreten, dass das KUV ein nahezu perfekter Indikator für die Popularität einer Aktie ist und dass, sollte die Kennzahl bereits einen hohen Wert aufweisen, nur noch Hoffnung und Täuschung einen weiteren Kursanstieg bewirken könnten.

So hat auch O'Shaughnessy aufgezeigt, dass nach KUV hoch bewertete Aktien mit einem Börsenwert von mehr als 150 Mio $ wesentlich schlechter abschneiden als der Gesamtmarkt, eine Investition in hoch bewertete Unternehmen geradezu bestraft wird.

In wie vielen Perioden haben sich hoch bewertete Aktien (KUV) besser entwickelt als der Gesamtmarkt?

Periodenlänge (1951–1996)	Die 50 Aktien mit den höchsten KUVs schlugen alle Aktien in ...	Prozent
Einzeljahre	15 von 45 Perioden	33%
5-Jahres-Perioden	5 von 41 Perioden	12%
10-Jahres-Perioden	7 von 36 Perioden	19%

Treffen diese Erkenntnisse auf alle Aktien zu, unabhängig von der Höhe des Börsenwerts?

Börsenwert	KBV	aus 10.000 $ wurden (1951–1996)
hoch	hoch	637.434 $
hoch	niedrig	3.853.418 $
alle Aktien	hoch	91.520 $
alle Aktien	niedrig	8.252.734 $
Aktien mit einem hohen Börsenwert		1.590.667 $
	alle Aktien	2.677.557 $

Auf der Suche nach dem Stein der Weisen – Die Kombination mehrerer Indikatoren (Cornerstone-Growth-Strategie)

Wir hatten bereits oben darauf hingewiesen, dass die Kombination mehrerer Auswahlkriterien zu den besten Ergebnissen führt. Betrachten wir die Frage: In wie vielen Perioden hat sich die Cornerstone-Growth-Strategie besser geschlagen als der Gesamtmarkt?

Periodenlänge (1951–1996)	Cornerstone Growth schlug alle Aktien in ...	Prozent
Einzeljahre	31 von 44 Perioden	70%
5-Jahres-Perioden	36 von 40 Perioden	90%
10-Jahres-Perioden	35 von 35 Perioden	100%

O'Shaughnessy hat bewiesen, dass mit dieser Kombinations-Strategie aus 10.000 $ nach 44 Jahren 13 Mio $ wurden. Dies entspricht einer durchschnittlichen Jahresrendite von 18,6%. Er konnte zwar mit leicht abgewandelten Modellen ähnliche Resultate erzielen, doch wurden diese mit einem höheren Risiko erkauft.

4.3 Anwendung der Cornerstone-Growth-Kriterien

Die Cornerstone-Growth-Strategie – teilweise auch 3-Filter-Strategie genannt – ist die komplexeste, aber auch erfolgversprechendste von mehreren der von O'Shaughnessy überprüften Anlage-Strategien. In seinen Aufzeichnungen nennt er sie selbst „Stein-der-Weisen-Strategie". Denn bei seinen Erhebungen, die den amerikanischen S&P 500 über einen 4 Jahrzehnte währenden Zeitraum betrafen, erzielte er mit dieser Vorgehensweise die beste Performance.

Wie wir anfangs gesehen haben, wird bei der 3-Filter-Strategie neben dem KUV und der Relativen Stärke noch ein dritter Filter eingesetzt – der Gewinn. Dieser wird den beiden anderen Kriterien als Eingangsbedingung zugeschaltet. Die Aktienauswahl findet also wie folgt statt:

❏ Grundvoraussetzung ist, dass das Unternehmen ein konstantes Gewinnwachstum aufweist. Denn nur, wenn die Gewinne steigen, kann sich die Aktie nachhaltig positiv entwickeln. Nur diejenigen Aktien, bei denen die Gewinne in den vergangenen 5 Jahren gewachsen sind, kommen in die engere Wahl und in den KUV-Filter.

❏ Für diese Werte wird das KUV errechnet und eine Rangliste erstellt. Ganz oben stehen diejenigen Titel mit dem niedrigsten, ganz unten die Aktien mit dem höchsten KUV. (Bedingung: KUV $\leqq$ 1,5). Grundannahme ist: Je niedriger das KUV, desto besser.

❏ Auf das Ergebnis wird nun der 3. Filter angesetzt – die Relative Stärke. Dabei geht es um folgende Überlegung: Grundsätzlich stehen die Chancen für diejenigen Aktien hinsichtlich einer besseren Kursentwicklung gegenüber dem Index besser, die sich auch im Vorfeld als Outperformer präsentierten und dadurch eine hohe Relative Stärke entwickelten.

❏ Sollte in den folgenden Jahren ein Kriterium nicht mehr erfüllt sein, wird die Aktie verkauft und gegen eine andere ausgetauscht.

5 Fortgeschrittene Strategien

Investieren in verschiedene Vermögensklassen und Absicherungs-Strategien

In diesem Kapitel wollen wir Ihnen fortgeschrittene Strategien für die Verwaltung Ihres Vermögens vorstellen.

Wir werden Ihnen zunächst das Konzept der Asset Allocation vorstellen. Darunter verstehen wir die Aufteilung (Allokation, engl. Allocation) Ihres Vermögens auf die verschiedenen Vermögensklassen (Assets) mit dem Ziel, Ihre Portfolio-Performance zu erhöhen. Das Portfolio umfasst in diesem Zusammenhang Vermögenswerte wie Aktien, Anleihen, Immobilien, Cash (Geldmarktpapiere) und Fonds. Jeder Investor sollte eine fundamentale Anlageregel beachten: Setzen Sie nie alles auf eine Anlage, sondern verteilen Sie Ihr Vermögen auf mehrere verschiedene Anlageformen. Damit können Sie Ihr Anlagerisiko erheblich senken. Um Ihnen das Konzept zu verdeutlichen, werden wir auch praktische Beispiele anführen. Dazu gehört auch, dass wir einen Blick auf die Asset Allocation von Peter Lynch und Warren Buffett werfen.

Ein zweiter Schwerpunkt des Kapitels sind Strategien zur Absicherung Ihres Aktien-Vermögens vor kurzfristigen Verlusten. Dazu werden wir Sie in die Welt der Optionen einführen. Optionen sind sinnvolle Instrumente, wenn es um die Absicherung von Wertpapierportfolios geht. Optionen sind aber auch riskante Instrumente, wenn Sie damit Spekulationsgeschäfte tätigen wollen. Wir werden deshalb die Vor- und Nachteile dieser Anlageklasse aufzeigen. Im Übrigen handelt auch Warren Buffett gelegentlich mit Optionen.

Fortgeschrittene Investoren benötigen aber auch aus einem anderen Grund grundlegende Kenntnisse in Optionen: Mitarbeiter-Optionen (stock options) spielen eine immer größere Rolle bei der Bewertung von Unternehmen und deren Aktien. In diesem Zusammenhang gilt folgende Regel: Durch die Gewährung von Mitarbeiter-Optionen sinkt der Wert Ihrer Aktien. Wir gehen darauf zum Schluss des Kapitels kurz ein.

5.1 Asset Allocation

Unter Asset Allocation verstehen wir die Aufteilung des Vermögens auf verschiedene Vermögensklassen. Die fundamentale Anlageregel besagt: „Legen Sie nie alle Eier in einen Korb, sondern verteilen Sie Ihr Vermögen auf mehrere verschiedene Anlageformen."

Wir unterscheiden dabei die strategische und die taktische Asset Allocation. Mittels der strategischen Asset Allocation legen Sie auf Basis Ihrer Risikobereitschaft und Ihres Anlagehorizontes die langfristige Aufteilung Ihres Vermögens auf die Assets (Aktien, Anleihen, Immobilien, Cash u. a.) fest. Bei der taktischen Asset Allocation bestimmen Sie kurzfristig, in welche spezifischen Branchen und Titel Sie investieren wollen. Das nachstehende Diagramm verdeutlicht die Konzeption der Asset Allocation:

---

(1) Strategische Asset Allocation

(a) Assetklassen
(Aktien, Anleihen, Immobilien, Gold, Kunstwerke u. a.)
und
(b) Länder/Regionen
(Europa, USA, Asien u. a.)

—

(2) Taktische Asset Allocation

(a) Branchen
(Pharma-, Einzelhandels-, Technologiebranche u. a.)
und
(b) Titel
(Aktien/Anleihen von Bayer, IBM, Siemens u. a.)

Der Grund für die Vorteilhaftigkeit der Asset Allocation (Vermögensaufteilung) liegt auf der Hand: Durch die Streuung, auch Diversifikation genannt, können Sie ohne große Rendite-Einbußen die Risiken von Investments zum Teil erheblich reduzieren. Denn die Renditen aus Aktien, Anleihen oder Immobilien verlaufen nicht parallel zueinander. Damit können

Sie den Wertverlust einer bestimmten Anlageform durch die Wertsteigerung einer anderen Anlageform ausgleichen. Unter Risiko verstehen wir dabei die (Kurs-)Volatilität der Anlage, die mittels der Standardabweichung zu messen ist. Die folgende Tabelle zeigt Ihnen die durchschnittlichen Renditen und Volatilitäten in den USA für Aktien und Anleihen im Zeitraum 1960 bis 1984:

1960–1984	Rendite	Risiko (Volatilität)
Aktien	8,8% p.a.	16,9% p.a.
Anleihen	5,7% p.a.	7,2% p.a.

Wir stellen fest, dass wir mit Aktien im Zeitraum 1960 bis 1984 eine höhere Rendite erzielen konnten. Gleichzeitig war aber auch das Risiko (Volatilität) viel höher. Deshalb bietet es sich an, das Gesamtkapital in Aktien und Anleihen aufzuteilen und in beide Anlageformen zu investieren, um das Risiko zu senken. Dieser Tatbestand wird in der Wirtschaftswissenschaft als Portfolio-Selektion bezeichnet. Sie ist mit dem Namen des Nobelpreisträgers Harry Markowitz verbunden.

Die Idee von Markowitz war es, verschiedene Anlageformen miteinander zu mischen, um ohne große Abstriche bei der Portfolio-Performance das Risiko (Volatilität) des Portfolios zu senken. Dabei machte er eine wichtige Entdeckung: Das Portfolio-Risiko ist nicht von den einzelnen Risiken der Wertpapiere abhängig, sondern vielmehr vom Ausmaß der Korrelation der Renditen der einzelnen Wertpapiere im Portfolio.

Wenn Sie also verschiedene Anlageformen im Portfolio halten, dann sollten Sie auf deren **Korrelation** achten. Das gilt auch für einzelne Titel innerhalb einer bestimmten Anlageform. Mit anderen Worten: Wenn Sie Aktien von 2 Unternehmen kaufen und diese Aktien eine hohe positive Korrelation aufweisen, dann werden sich die Aktien immer gleichgerichtet verhalten. Bricht beispielsweise das Wertpapier A um 10% ein, dann bricht bei einer Korrelation von +1 auch das Wertpapier B um 10% ein. Es hat keine Diversifikation stattgefunden. Ihr Risiko ist gleich geblieben.

William Sharpe erweiterte das Modell von Markowitz und erhielt dafür ebenfalls den Nobelpreis. Sharpe ersetzte die Korrelation durch den **Beta-Faktor**. Der Beta-Faktor zeigt Ihnen, wie stark ein Wertpapier (zum Beispiel eine Aktie) relativ zum Markt schwankt. Ein Beta-Faktor über 1 bedeutet, dass sich der Wert stärker als der Marktindex eines Landes bewegt. Mit anderen Worten: Wenn Sie Aktien von 2 Unternehmen mit einem Beta-Faktor von 1 kaufen, dann werden sich die Aktien immer gleichgerichtet mit der Börse verhalten. Bricht beispielsweise der Markt um 10% ein, dann brechen auch Ihre Aktien um 10% ein. Auch in diesem Fall hat keine Diversifikation stattgefunden. Ihr Risiko ist gleich geblieben.

Zusätzlich lässt sich das **Risiko weiter reduzieren,** indem Sie Ihr Vermögen innerhalb einer Anlageform auf verschiedene Wertpapiermärkte (zum Beispiel Deutschland, Frankreich, Großbritannien oder USA) verteilen. Eine Anlage in verschiedenen geografischen Räumen senkt Ihr Risiko, wenn sich die Märkte nicht gleichgerichtet entwickeln. So können Sie durch eine Anlage in US-Aktien von einem Wirtschaftsaufschwung in den USA profitieren. Achten Sie aber auf die Korrelation der Märkte in den USA und in Deutschland. In den letzten Jahren ist die Korrelation zwischen den Börsen größer geworden. Bei einem Gleichlauf der Börsen sinkt Ihr Diversifikationseffekt.

Zudem müssen Sie auf Währungsschwankungen achten, wenn Sie die ausländischen Aktien an der Heimatbörse erwerben. Das kann insbesondere aus Liquiditätsgründen geboten sein. Auslandsanlagen sind prinzipiell mit einem Währungsrisiko verbunden. Ihre effektive Rendite sinkt, wenn die ausländische Währung an Wert verliert.

Die nachstehende Tabelle zeigt das Rendite-Risiko-Profil eines deutschen Anlegers im Zeitraum 1980 bis 1992 für eine Anlage in den USLeitindex S&P 500:

1980–1992	Rendite	Risiko
S&P in $	10,2% p. a.	11,6% p. a.
S&P in DM	8,8% p. a.	17,2% p. a.

Die Tabelle macht deutlich, dass aufgrund der Währungsverluste des Dollars gegenüber der D-Mark auch Ihre Rendite sinkt, falls Sie die Aktien an der Heimatbörse kaufen und gleichzeitig die Lokalwährung an Wert verliert.

Durch die Einführung des Euro sind solche Währungsrisiken innerhalb der Euro-Zone eliminiert worden. Wenn ein Anleger aus Deutschland Aktien in Österreich oder in Frankreich kauft, geht er kein Währungsrisiko mehr ein. Das hat den Vorteil, dass Sie nunmehr die schwer zu prognostizierende Wechselkursentwicklung nicht mehr in Ihr Entscheidungskalkül mit einbeziehen müssen. Das ist ein wichtiger Schritt zu einem einheitlichen Kapitalmarkt in Europa.

Wissenschaftliche Studien belegen die überragende Bedeutung der strategischen Asset Allocation. Nach der berühmten Studie von Brinson-Hood&Beebower aus dem Jahr 1991 sind bis zu 90% der Rendite direkt auf die Gewichtung der Assets zurückzuführen. Im Durchschnitt hängen etwa 2 Drittel der Portfolio-Performance direkt von der prozentualen Verteilung der Anlageklassen ab. Ein gut ausbalanciertes Portfolio wird die Assets Aktien, Anleihen, Immobilien, Cash und Fonds enthalten. Die Gewichtung der Asset-Klassen hängt aber direkt von Ihren Anlagezielen, Ihren Risikopräferenzen und Ihrem Anlagehorizont ab.

Aktien (Equity)

Aktien verbriefen einen Anteil am Unternehmen und gewähren dem Aktionär Rechte (wie Stimmrechte auf der Hauptversammlung, Bezugsrechte bei Kapitalmaßnahmen u. a.). Aktien erbringen über einen längeren Zeitraum die höchste Rendite unter allen Asset-Klassen. Allerdings sind die Schwankungsbreite (Volatilität) und damit das Risiko am Aktienmarkt deutlich größer als bei Anleihen. Sie reduzieren das Risiko von Aktien dadurch, dass Sie Aktien mit einem niedrigen Beta-Faktor kaufen.

Über den Beta-Faktor lässt sich die Entwicklung Ihrer Anlage zum Gesamtmarkt steuern. Konservative Aktien mit geringen Kursausschlägen haben meistens ein niedriges Beta. Wachstumsaktien weisen dagegen ein hohes Beta und dementsprechend auch hohe Kursausschläge auf. Sie finden den Beta-Faktor jeder Aktie auf dem Datenblatt der „Aktien-Analyse".

Anleihen (Bonds)

Anleihen besitzen einen festen oder auch variablen Nominalzins. Achten Sie auf die Bonität des Emittenten, wenn Sie Anleihen kaufen. Anleihen mit schlechter Bonität haben meistens einen hohen Nominalzins. Jeder

Emittent einer Anleihe (zum Beispiel der Staat oder einzelne Unternehmen) wird durch eine Rating-Agentur (Standard & Poor's oder Moody's) auf seine Bonität hin bewertet. Anleihen haben eine mittel- bis langfristige Laufzeit. Bei Ende der Laufzeit wird der nominale Wert der Anleihe zurückgezahlt. Zinszahlungen erfolgen im Allgemeinen einmal pro Jahr.

Bei spekulativen und hochverzinslichen Anleihen laufen Sie Gefahr, dass der Emittent seine Zahlungen (Tilgung inkl. Zinsen) einstellt. Anleihen besitzen darüber hinaus auch ein Kursrisiko: Wenn die allgemeinen Zinsen steigen, sinken die Kurse der Anleihen. Wenn Sie dann kurzfristig Liquidität benötigen und verkaufen, erleiden Sie einen Verlust.

Immobilien

Immobilien (Grundstücke und Gebäude) sind ein wichtiger Teil des Vermögens. Sie bieten attraktive „Erträge" (durch den Wegfall der Mietzahlungen) und senken die Volatilität. Immobilien sind aber genauso wie Aktien und Anleihen einem Kursrisiko ausgesetzt, nämlich dann, wenn Überkapazitäten aufgebaut werden und es dadurch zum Preisverfall der Immobilien kommt. Diese Marktsituation tritt meistens als Folge eines Börsenabschwungs ein, wenn Kapital von den Börsen abgezogen und in Immobilien investiert wird. Dann sind Leerstände ein erstes Warnzeichen für das bevorstehende Platzen der Immobilienblase.

Anfang der 1990er-Jahre platzte die japanische Immobilienblase. Von den Folgen dieses Crashs hat sich die größte Volkswirtschaft Asiens noch immer nicht erholt. In Deutschland könnte sich durch den Bevölkerungsrückgang langfristig ebenfalls ein Überangebot an Immobilien einstellen. Sie machen aber mit Immobilien nur dann einen Verlust, wenn Sie Ihre Immobilien verkaufen müssen.

Cash

Cash (Geldmarktpapiere, kurzfristige Termingelder u. a.) erhöht Ihre Liquidität und senkt Ihr Risiko. Allerdings liegen die langfristigen Erträge meistens deutlich niedriger als bei Aktien und manchmal sogar niedriger als die Inflationsrate. Über den Cash-Anteil können Sie Ihr Portfolio-Risiko so steuern, dass Sie in Erwartung sinkender Kurse (der Aktien, Anleihen oder Immobilien) Ihren Cash-Anteil erhöhen. Erwarten Sie dagegen wieder steigende Kurse, bauen Sie Ihre Cash-Position ab und investieren.

Fonds

Fonds ersetzen die Direktanlage in Aktien, Anleihen und Immobilien. Allerdings schaffen es viele Fondsmanager nicht, ihre Benchmark (zum Beispiel einen entsprechenden Vergleichsindex wie den DAX oder Dow Jones) zu schlagen. Das liegt an der kurzfristigen Sichtweise der meisten Fondsmanager. Legen Sie Ihr Kapital deshalb nur in ausgewählte Aktienfonds an. Eine Alternative besteht auch darin, Ihr Vermögen selbst zu verwalten oder einen Indexfonds zu kaufen. Ein Indexfonds bildet genau den Index ab und entwickelt sich dementsprechend. Mit dieser passiven Anlage-Strategie haben Sie die Gewissheit, sich wie der zugrunde liegende Marktindex zu entwickeln.

Sie müssen sich als Investor entscheiden, wie Sie Aktien im Verhältnis zu Anleihen, Geldmarktpapieren oder anderen Anlageklassen in Ihrem Portfolio gewichten. Dabei können Sie sich an die allgemeine neutrale Gewichtung von Aktien, Anleihen und Geldmarktpapieren (Cash) halten. Danach gilt unter institutionellen Investoren eine Aktienquote von 60%, ein Bonds-Anteil von 35% und ein Cash-Anteil von 5% als neutrale Aufteilung.

Asset-Klasse	Gewichtung
Aktien	60,0%
Anleihen (Bonds)	35,0%
Bargeldquote	5,0%

Börsenpessimisten können beispielsweise die Anleihenquote auf 50% erhöhen und den Cash-Anteil auf 10% aufstocken, womit für Aktien nur noch 30% blieben. Institutionelle Asset-Manager veröffentlichen Musterportfolios, an denen sich ihre Kunden orientieren. Die folgende Tabelle stellt zwei Musterportfolios beispielhaft gegenüber:

Konservatives Portfolio	Spekulatives Portfolio
Aktien (30%)	Aktien (55%)
Anleihen (40%)	Anleihen (20%)
Cash (15%)	Cash (10%)
Gold (5%)	Gold (5%)
Immobilien/Fonds (10%)	Derivate (10%)

*2 Musterportfolios als Empfehlung von
institutionellen Vermögensverwaltern.
Zeithorizont beim konservativen Anleger: 3 Jahre
Zeithorizont beim spekulativen Anleger:
1 bis 1,5 Jahre*

Nach der Aufteilung des Vermögens in die verschiedenen Asset-Klassen muss gemäß der taktischen Asset Allocation die Gewichtung der Branchen und der einzelnen Titel bestimmt werden. Auch hier gilt: Diversifikation vermindert das Risiko. Haben Sie nur einen Blue Chip im Portfolio, schwankt das gesamte Depot statistisch gesehen um etwa 50%. Mit 5 unterschiedlichen Titeln lassen sich die Schwankungen und das Risiko auf 30% reduzieren. Bei 30 Aktien ist dann das Risiko von Kursausschlägen des Gesamtportfolios auf rund 20% begrenzt.

Viele Finanzdienstleister stellen die Portfolios ihrer Kunden nach den Kriterien von Markowitz zusammen und optimieren die einzelnen Positionen. Allerdings sind viele professionelle Fondsmanager damit wenig erfolgreich. Deshalb schauen wir uns im Folgenden die Asset-Strategien von Peter Lynch und Warren Buffett an, zwei der größten Investoren überhaupt.

Peter Lynch

Peter Lynch (geb. 1944) war der erfolgreichste Fondsmanager der 1980er-Jahre in den USA und wahrscheinlich der erfolgreichste aller Zeiten. 13 Jahre lang führte er den berühmten Fidelity Magellan Funds und erreichte eine phantastische Rendite von 29% p.a. Seine durchschnittliche Jahresrendite übertraf in diesem Zeitraum den S&P-500-Index um fast das Doppelte. Selbst im Crash-Jahr von 1987 schaffte Lynch noch ein Plus von 1%. In den 13 Jahren seines Managements wurden aus 10.000 $, die in seinem Fonds angelegt waren, rund 274.000 $.

Peter Lynch empfiehlt den Anlegern den Kauf einer Immobilie und den Kauf von Aktien. Anleihen gehören nicht zu seinen Favoriten. In seinem berühmten Buch für Privatinvestoren *„Der Börse einen Schritt voraus"* schreibt er:

„Historisch gesehen sind Aktien ohne jeden Zweifel profitabler als Anlei-hen. Mit Anleihen werden Sie Ihr Geld niemals verzehnfachen, es sei denn, dass Sie waghalsige Spekulationen mit Anleihen eingehen, deren Rück-zahlung fraglich ist."

Peter Lynch setzte damit auf der Ebene der strategischen Asset Allocation überwiegend auf Aktien. Er riet aber den Anlegern, so viel Cash zu halten, wie sie kurzfristig Liquidität benötigen. Er schreibt: *„Investieren Sie nur, was Sie verlieren können, ohne dass Ihr tägliches Leben in absehbarer Zukunft davon beeinträchtigt wird."* Auf der Ebene der taktischen Asset Allocation riet er den Anlegern zu einer geringen Diversifikation und zu einer Konzentration auf einige wenige Werte: *„Es spricht nichts dafür, der Diversifikation zuliebe in unbekannte Werte zu investieren. Bei kleinen Depots würde ich mich mit 3 bis 10 Aktien wohl fühlen."* Das Aktien-Port-folio seines Magellan-Fonds umfasste bis zu 1.400 Aktien, weil gesetzli-che Regulierungen eine Konzentration auf wenige Werte nicht zuließen. Er schreibt darüber: *„Halten Sie keine 1.400 Aktien, solange Sie es irgend-wie vermeiden können. Sie brauchen sich um die 5-%-Regel keine Sorgen zu machen und schon gar nicht um die Verwaltung von 9 Mrd $."*

Peter Lynch teilte seine Aktien in verschiedene Kategorien ein. Er steckt 30 bis 40% seiner Mittel in Wachstumsaktien. Den Rest verteilt er auf andere Aktien: 10 bis 20% in Substanzwerte, 10 bis 20% in Zykliker und den Rest in Turnaround-Werte. Er hielt 2 Drittel seines Fondsvermögens in 200 Werten.

Peter Lynch verfolgt bei der Auswahl der einzelnen Titel eine „Bottom-Up-Strategie". Diese orientiert sich an den Kriterien der fundamentalen Aktienanalyse.

Wir haben für Sie einige seiner wichtigsten Bewertungskriterien zu-sammengetragen:

❑ **Investieren Sie in Branchen, die Sie kennen.**
Sie müssen die spezifischen Gründe verstehen, warum Sie eine Aktie auswählen: Konzentrieren Sie Ihre Analyse auf die fundamentalen Faktoren wie Gewinnaussichten, Chancen und fundamentale Risiken.

❑ **Wie verhält sich das KGV im Vergleich zu den Wachstumsraten von Gewinn und Dividende?**
Suchen Sie nach Aktien, deren KGV im Verhältnis zum Gewinnzuwachs in den nächsten 3 bis 5 Jahren und zur Dividendenrendite niedrig ist. So zeugt ein KGV, das unter der erwarteten Gewinnzuwachsrate liegt, von einer Unterbewertung der Aktie (Beispiel: KGV 8, Gewinnzuwachsrate: 10% p.a. = ····⟩ PEG = 0,80).

❑ **Wie verhält sich das KGV im historischen Vergleich?**
Vergleichen Sie das aktuelle KGV mit den Höchst- und Tiefstwerten, die in den letzten 10 Jahren erreicht wurden. Je niedriger, desto besser.

❑ **Wie verhält sich das KGV im Vergleich mit den wichtigsten Wettbewerbern in der Branche und zum Gesamtmarkt?**
Je niedriger das KGV im Vergleich zu den anderen, desto besser.

❑ **Wie stabil verlief die Gewinnentwicklung?**
Vergleichen Sie die Entwicklung der Gewinne in Prozent von Jahr zu Jahr über einen langen Zeitraum. Je stabiler, desto besser. Das Unternehmen kann seine Gewinnentwicklung auf 5 verschiedene Arten erhöhen: Kosten reduzieren, Preise erhöhen, neue Märkte erschließen, mehr Absatz in bestehenden Märkten tätigen und Verlustquellen eliminieren.

❑ **Wie stark ist die Bilanz?**
Suchen Sie nach Firmen, die eine möglichst niedrige Fremdverschuldung bzw. einen hohen Eigenkapitalanteil besitzen. Vergleichen Sie diesen Wert mit branchenähnlichen Unternehmen, damit Sie eine Aussage über die Stärke der Bilanz treffen können.

❑ **Wie hoch sind die flüssigen Mittel?**
Je höher, desto besser. Steigen die Vorräte stärker als der Umsatz? Dann muss das Unternehmen Absatzprobleme haben.

❑ **Meiden Sie Branchen, die „in" sind, zum Beispiel heiße Börseneinführungen.**
Vor 3 Jahren gab es am Neuen Markt viele Modewerte, die dann abgestürzt sind. Seien Sie nicht zu gierig. Es gibt keine überdurchschnittlichen Chancen ohne überdurchschnittliches Risiko.

❑ **Große Firmen wachsen weniger stark als kleine Firmen.**
Kleine und mittelgroße Firmen haben ein höheres Wachstumspotenzial, da ihr Marktpotenzial oft noch nicht ausgeschöpft ist.

❑ **Meiden Sie Aktien, die von sehr vielen institutionellen Anlegern gehalten werden.**
Diese wollen auch einmal verkaufen.

❑ **Kauft die Firma ihre eigenen Aktien zurück?**
Wenn ein Aktienrückkaufprogramm beschlossen wurde, unterstützt dies den Aktienkurs.

Asset Allocation nach Peter Lynch

❑ strategisch:
Investieren Sie vorzugsweise in Aktien. Halten Sie Cash bereit, falls Sie kurzfristig mit hohen Ausgaben rechnen. Eigenhäuser sind die beste Absicherung gegen die Schwankungen der Börse.

❑ taktisch:
Wählen Sie für Ihr Depot 3 bis 10 Aktien nach den Kriterien der Fundamentalanalyse. Überprüfen Sie Ihre Aktien alle 6 bis 12 Monate mit Hilfe der Kriterien, die wir für Sie zusammengetragen haben.

Warren Buffett

Warren Buffett (geb. 1930) ist neben Peter Lynch der erfolgreichste Investor unserer Zeit. Seine Strategie beruht weitgehend auf den Lehren und Erkenntnissen seines Lehrmeisters Benjamin Graham.
Als Buffett die Investmentgesellschaft Buffett Partnership Ltd., die er 1956 gegründet hatte, 1969 auflöste, war sie 105 Mio $ wert. Davon gehörten ihm rund 25 Mio $, die er hauptsächlich in Aktien des Textilunternehmens Berkshire Hathaway investiert hatte.

Buffett besaß 25 % der Aktien und wurde 1970 zum CEO gewählt. Sofort begann er damit, das Textilunternehmen in eine Holding mit dem Kerngeschäft Versicherungen (Erst- und Rückversicherungen) umzubauen. Die Einnahmen aus dem Versicherungsgeschäft (wie Geico, General Re, Insurance Group) und aus den zahlreichen anderen Unternehmensbeteiligungen (wie Nebraska Furniture Mart, Borsheim's, Ben Bridge Jeweler, Shaw Industries, Flight Safety, International Dairy Queen und See's Candies) legt Buffett am Kapitalmarkt an. Er investiert in Aktien, Anleihen und Cash.

Die folgende Tabelle zeigt die Kapitalmarktinvestitionen von Berkshire Hathaway im Jahr 2003:

Asset-Klasse	Kapital
Cash und Äquivalente	31,262 Mrd $
Aktien	35,287 Mrd $
Anleihen	26,116 Mrd $

Buffetts Aktien-Investments teilen sich folgendermaßen auf:

Aktien-Investments	Wert
Coca-Cola	10,150 Mrd $
American Express	7,312 Mrd $
Gillette	3,526 Mrd $
Wells Fargo	3,324 Mrd $
Moody's	1,453 Mrd $
The Washington Post	1,367 Mrd $
PetroChina	1,340 Mrd $
H&R Block	0,809 Mrd $
HCa Inc.	0,665 Mrd $
M&T Bank	0,659 Mrd $
Restbeteiligungen	4,6823 Mrd $
Gesamt	35,289 Mrd $

Seine Beteiligungen an American Express, Coca-Cola, Gillette und Wells Fargo machen 69% seines Aktien-Portfolios aus. Hier liegt eines der Geheimnisse des Erfolges von Warren Buffett: Er konzentriert seine Investments auf einige wenige, hervorragende Unternehmen. Er hält seine Aktien langfristig und trennt sich von ihnen nur, wenn sich die fundamentalen Kennzahlen verschlechtern oder wenn die Aktien überbewertet sind.

Sein Engagement in Anleihen ist dagegen meistens kurz- bis mittelfristiger Natur. 99,2% seiner Anleihen (US-Staatspapiere, Auslandsanleihen, Unternehmens-Anleihen und mit Hypotheken besicherte Anleihen) stehen in der Bilanz unter der Rubrik „available for sale", d. h. sie sind jederzeit veräußerbar. Nur der geringste Teil seiner Anleihen wird bis zur Endfälligkeit gehalten („held to maturity"). Das macht deutlich, dass Warren Buffett Anleihen nicht als langfristige Investments, sondern als eine Art Liquiditätspolster betrachtet.

Auf der Ebene der taktischen Asset Allocation investiert er in sichere und langfristig stabile Branchen. Er investiert in marktführende Unternehmen mit einem dauerhaften Wettbewerbsvorteil. Er ist – wie auch sein großer Lehrmeister und Freund Benjamin Graham – ein lupenreiner Value-Investor. Er investiert nur, wenn die Unternehmen an der Börse mit einem Abschlag zu ihrem inneren Wert notieren. Begriffe wie Beta-Faktor, Korrelation und Diversifikation sind ihm weitgehend fremd. Volatilität bedeutet für ihn nicht Risiko, sondern eine Chance, um an die Aktien heranzukommen, die er kaufen will.

Wir haben für Sie einige seiner wichtigsten Bewertungskriterien zusammengetragen:

❏ Besitzt das Unternehmen eine monopolähnliche Marktstellung? Hat es loyale Kunden?

❏ Wird das Unternehmen von einem exzellenten Management geführt? Ist es an dem Unternehmen beteiligt? Je höher die Aktienbeteiligung des Managements, desto besser.

❏ Handelt das Management im Interesse der Aktionäre? Versucht es, die Kosten gering zu halten und die „Owner Earnings" zu maximieren? Wenn das Management die Interessen der Aktionäre nicht wahrt, trennen Sie sich von Ihren Aktien.

❑ Weist das Unternehmen interessante Kennzahlen auf? Wie ist die Höhe der Eigenkapitalrendite, der Schulden, die Entwicklung der Gewinne und die Höhe der Umsatzrendite? Das sind im Übrigen Kennzahlen, die Sie auf jedem Datenblatt der „Aktien-Analyse" finden.

❑ Wie sind die langfristigen Aussichten des Unternehmens?

❑ Kaufen Sie Qualität zum günstigen Preis? Ist das Unternehmen an der Börse unterbewertet? Wenn nicht, dann müssen Sie auf eine günstige Gelegenheit warten. Warren Buffett betrachtet Geduld als eine Tugend.

❑ Seien Sie ein Investor und kein Spekulant. Wenn Sie eine Aktie nicht 10 Jahre lang halten wollen, dann halten Sie sie nicht einmal für 10 Minuten.

❑ Haben Sie Mut zum Investieren, falls die anderen Börsenteilnehmer in Panik geraten. Werden Sie vorsichtig, wenn alle anderen gierig werden.

Asset Allocation nach Warren E. Buffett

❑ strategisch:
Investieren Sie vorzugsweise in Aktien. Kaufen Sie eine Immobilie zum Zwecke der Eigennutzung. Warten Sie bei Aktien auf günstige Kaufgelegenheiten und kaufen Sie vorzugsweise nach starken Kurseinbrüchen. Halten Sie Cash und Anleihen bereit, um kurzfristig bei Gelegenheit in Aktien umzuschichten.

❑ taktisch:
Investieren Sie in stabile und profitträchtige Branchen. Konzentrieren Sie Ihre Investments und diversifizieren Sie nicht stark. Wählen Sie Unternehmen nach den Kriterien aus, die wir für Sie zusammengetragen haben. Halten Sie Ihre Aktien langfristig. Seien Sie ein Investor, kein Spekulant.

5.2 Strategien mit Optionen

Optionen sind zum Teil komplizierte, aber interessante Finanzinstrumente. Wir wollen Ihnen in diesem Abschnitt die Grundlagen von Optionsstrategien vorstellen. Mit Hilfe von Optionen (oder Optionsscheinen) können Sie

❑ Spekulationsgeschäfte und

❑ Absicherungsgeschäfte

tätigen.

Optionen werden sowohl von spekulativen als auch von konservativen Investoren benutzt. Wir werden feststellen, dass auch Warren Buffett diese Finanzinstrumente benutzt. Optionen gehören zur Asset-Klasse der Termingeschäfte. Bei Termingeschäften wird bei Vertragsabschluss festgelegt, zu welchen Konditionen Sie den Vertrag zu einem in der Zukunft liegenden Zeitpunkt erfüllen müssen. Wir unterscheiden unbedingte und bedingte Termingeschäfte. Bei bedingten Termingeschäften kann ein Vertragspartner am Erfüllungstag wählen, ob er das Geschäft erfüllen will oder nicht. Bei unbedingten Termingeschäften haben beide Vertragspartner die Pflicht zur Vertragserfüllung. Unbedingte Termingeschäfte (Futures und Swaps) sind riskanter und werden hier nicht behandelt. Optionen gehören in die Gruppe der bedingten Termingeschäfte, da einem Vertragspartner (dem Käufer) das Recht zusteht, sich für die Ausübung oder den Verfall der Option zu entscheiden. Der Verkäufer der Option muss sich dagegen der Entscheidung des Optionskäufers fügen und wird deshalb auch Stillhalter genannt. Zu jedem Käufer einer Option muss es einen Verkäufer geben!

Wir beschränken im Folgenden unsere Betrachtung auf Aktien-Optionen. Daneben gibt es auch Optionen auf Indizes (zum Beispiel den DAX), Zinsen und Anleihen, Devisen, Edelmetallen usw. Wenn Sie die Grundlagen von Aktien-Optionen verstehen, können Sie Ihr Wissen auch auf die anderen Anlagearten übertragen.

Wir unterscheiden zwei Grundformen von Optionen:

1. die Kaufoption (Call) und

2. die Verkaufsoption (Put).

Der Käufer eines **Call** erwirbt mit der Zahlung des Optionspreises (der auch Prämie genannt wird) das Recht, zu einem in der Zukunft liegenden Zeitpunkt vom Verkäufer (Stillhalter) die Lieferung der Aktien zu beziehen, und zwar zu dem Preis, der bei Abschluss des Geschäfts vereinbart wird (auch Basispreis oder Ausübungskurs genannt).

Der Käufer eines **Put** erwirbt mit der Zahlung des Optionspreises (Prämie) das Recht, innerhalb der Optionsfrist vom Verkäufer (Stillhalter) die Abnahme der Wertpapiere zum beim Vertragsabschluss vereinbarten Preis (Basispreis oder Ausübungskurs) zu verlangen.

Wenn der Käufer der Option (Call oder Put) sein Recht jederzeit innerhalb der Frist ausüben kann, sprechen wir von amerikanischen Optionen. Bei den europäischen Optionen darf der Käufer sein Recht dagegen nur am Ende der Optionsfrist ausüben. Die Optionsgeschäfte in Deutschland sind als amerikanische Optionen ausgestaltet.

Im Falle des Kaufs einer Option sprechen wir auch von einer Long-Position und im Falle des Verkaufs einer Option von einer Short-Position. Wenn Sie also eine Option kaufen, gehen Sie in die Option „long". Beim Verkauf der Option sind Sie in der Option „short".

Die nachfolgende Tabelle zeigt zusammenfassend noch einmal die 4 Positionen, die bei Optionsgeschäften eingenommen werden können:

Option	Käufer (zahlt den Optionspreis und hat *aktives* Entscheidungsrecht)	Verkäufer (erhält den Optionspreis und hat eine *passive* Erfüllungsverpflichtung)
Call	Käufer eines Call (hat das Recht zum Bezug von Wertpapieren, z. B. der Aktien) Long-Call	Stillhalter in Aktien (hat die Pflicht, die Wertpapiere zu liefern) Short-Call
Put	Käufer eines Put (hat das Recht auf Abgabe der Wertpapiere, z. B. seiner Aktien) Long-Put	Stillhalter in Geld (hat die Pflicht, die Wertpapiere zu kaufen) Short-Put

Wir sprechen von einem „Stillhalter in Aktien", wenn Sie einen Call verkaufen. In diesem Fall sind Sie dem Optionskäufer gegenüber verpflichtet, am Ausübungszeitpunkt die Aktien zu liefern, wenn dies der Käufer wünscht.

Wir sprechen von einem „Stillhalter in Geld", wenn Sie einen Put verkaufen. Dann müssen Sie damit rechnen, dass Ihnen der Optionsinhaber am Verfallzeitpunkt seine Aktien „andient". Weil dafür Geld bereitgehalten werden muss, sprechen wir beim Verkäufer eines Put vom Stillhalter in Geld.

Beim Optionsgeschäft unterscheiden wir 3 Stufen:

1. Abschluss des Optionsgeschäfts durch Kauf bzw. Verkauf eines Optionsrechts und Bezahlung der Optionsprämie durch den Käufer

2. Ausübung innerhalb der Frist oder Verfall der Option

3. Sie können natürlich zusätzlich jederzeit Ihre Option über Ihre Bank an der (Termin-)Börse veräußern und damit das Geschäft beenden.

Der organisierte Handel mit Optionen begann in den USA Anfang der 1970er-Jahre. Die Nachfrage nach dem neuen Finanzinstrument nahm in den 1980er-Jahren enorm zu und zwang auch die Europäer, Terminbörsen zu gründen. In London entstand die LIFFE, in Paris die MATIF, in der Schweiz die SOFFEX und 1990 die DTB in Frankfurt am Main. Im Jahr 1998 gingen die Schweizer SOFFEX und die deutsche Terminbörse DTB in der neu gegründeten EUREX (European Exchange) auf. Zu den Mitgliedern der EUREX zählen Maklerfirmen und Kreditinstitute.

Die Beteiligung an Termingeschäften steht nach ausführlicher Information über die speziellen Risiken auch Privatanlegern offen. Die „Börsentermingeschäftsfähigkeit" umfasst den Handel mit Termingeschäften auf Aktien, Anleihen, Indizes u. a. Sie können Termingeschäfte (Optionen, Optionsscheine) über Ihre Bank abschließen. Diese leitet die Aufträge an die Terminbörse weiter. Um Optionen in den USA auf US-Aktien zu handeln, müssen Sie ein Konto bei einer amerikanischen Bank oder einem Discount Broker besitzen. Ein Beispiel hierfür ist E*Trade, das sowohl in den USA als auch in Deutschland präsent ist.

Auf den Kapitalmärkten werden außer den Optionen auch Optionsscheine (auch Warrants genannt) begeben. Der Kauf von Optionsscheinen ist mit dem Kauf einer Kaufoption (Call) vergleichbar.

Bei Optionsscheinen handelt es sich um Wertpapiere, die eine Verbriefung der Rechte beinhalten. Im Normalfall liegen die Optionsfristen der Optionsscheine oberhalb der Fristen von terminbörslich gehandelten Optionen. Der Vorteil der Optionen liegt darin, dass diese Instrumente standardisiert sind und an (liquiden) Terminbörsen gehandelt werden.

Bei Optionen können Sie problemlos die Position des Verkäufers (Stillhalters) einnehmen. Bei Optionsscheinen dagegen sind Sie von dem außerbörslichen Handel und den Bedingungen der Bank abhängig.

Der Preis einer Option (auch Prämie genannt) besteht aus dem inneren Wert und der Zeitprämie. Der innere Wert ist die Differenz zwischen dem aktuellen Börsenkurs der zugrunde liegenden Aktie und dem Basispreis der Option. Die Zeitprämie ist die Differenz zwischen dem Marktwert der Option und ihrem inneren Wert.

Die folgende Tabelle zeigt die Zusammenhänge für einen Call.

Aktienkurs	Basispreis	Callwert = innerer Wert + Zeitprämie		
250	225	30	25	5
250	235	25	15	10
250	250	18	0	18
250	265	10	0	10

Innerer Wert und Zeitprämie bei einem Call (Callwert = innerer Wert plus Zeitprämie)

Wir stellen fest, dass der Call umso teurer ist, je höher der Aktienkurs im Vergleich zum Basispreis liegt. Dabei setzt sich der Call-Wert aus dem inneren Wert und der Zeitprämie zusammen.

Nachfolgende Tabelle zeigt die Zusammenhänge und Definitionen für den inneren Wert:

Kurs zu Basispreis	Call
Aktienkurs liegt über Basispreis	im Geld (in-the-money)
Aktienkurs entspricht Basispreis	am Geld (at-the-money)
Aktienkurs fällt unter Basispreis	aus dem Geld (out-of-the-money)

Der innere Wert eines Call (für einen Put analog)

Sobald der Aktienkurs auf die Höhe des Basispreises fällt (oder darunter liegt), ist der innere Wert gleich Null. Dann besteht der Wert des Call ausschließlich aus dem Zeitwert (Zeitprämie).

Es gilt folgender Zusammenhang:

Die Zeitprämie ist am höchsten, wenn der Call „am Geld" liegt. Je mehr die Option in das Geld gerät, umso höher liegt der innere Wert. Bei Optionen, die tief im Geld sind, besteht der Optionspreis weitgehend aus ihrem inneren Wert. Der innere Wert ist einfach die Differenz aus Aktienkurs und Basispreis, solange der Aktienkurs über dem Basispreis liegt (ansonsten beträgt der innere Wert Null). Der Wert des Call hängt somit ausschließlich vom Verlauf der Zeitprämie ab. Wir haben in der Tabelle auf Seite 146 den Call-Wert festgesetzt, jedoch lässt sich dieser anhand von mathematischen Modellen auch rechnerisch bestimmen.

Die wichtigsten Einflussgrößen auf die Höhe des Optionspreises bei Aktien sind:

❑ der Basispreis

❑ der aktuelle Aktienkurs

❑ die Volatilität des Aktienkurses

❑ die Restlaufzeit der Option

❑ das Zinsniveau

❑ die Dividende

Diese Einflussgrößen finden in Optionspreismodellen Berücksichtigung. Der Wert Ihres Call ist umso höher,

❑ je niedriger die Dividende,

❑ je höher der Zins,

❑ je größer die Restlaufzeit,

❑ je höher der Aktienkurs im Verhältnis zum Basispreis und

❑ je größer die Volatilität der Aktienkurse ist.

Das bekannteste Modell für die Bewertung von Optionen ist das Modell von Black und Scholes.

Darüber hinaus finden in der Praxis zur Beurteilung von Optionen im Hinblick auf Risiko und Rendite eine Reihe von Kennzahlen Verwendung, die u. a. beim dynamischen Hedging (Kurssicherungsgeschäfte) von Bedeutung sind:

❑ **Options-Delta**
Die Veränderung des Optionspreises im Verhältnis zu der Veränderung des zugrunde liegenden Aktienkurses. Das Options-Delta liegt nahe 0, wenn die Optionen weit aus dem Geld sind, und nahe 1, wenn die Optionen weit im Geld sind. Wenn Sie von der Kursbewegung einer Aktie stark profitieren wollen, müssen Sie eine Option mit hohem Delta kaufen.

❑ **Options-Gamma**
Die Abhängigkeit des Options-Deltas von Veränderungen des zugrunde liegenden Aktienkurses

❑ **Leverage-Faktor**
Der Leverage-Faktor (auch Options-Omega genannt) gibt die prozentuale Abhängigkeit des Optionspreises von der prozentualen Veränderung des zugrunde liegenden Aktienkurses an. Der Leverage-Faktor ist immer größer 1 (sog. Hebeleffekt der Optionen).

❑ **Options-Theta**
Die Abhängigkeit des Optionspreises von der immer kürzer werdenden Restlaufzeit. Das Options-Theta ist ein Maß für den Zeitwertverfall der Option. Ihre Option verliert gegen Ende der Laufzeit überproportional stark an Wert, was stets die Stillhalter von Optionen begünstigt.

❑ **Options-Vega**
Die Abhängigkeit des Optionspreises von der Volatilität des Aktienkurses. Die Volatilität (und damit das Options-Vega) hat einen sehr großen Einfluss auf den Preis Ihrer Option. Je höher die Volatilität, desto höher der Wert der Option (Call oder Put). Wenn Sie eine Option in Erwartung steigender Kurse kaufen und dann auch die Volatilität ansteigt, nimmt auch der Wert Ihrer Option überproportional stark zu.

Wenn Sie die Grundlagen von Optionen beherrschen, können Sie zweifach davon profitieren. Zum einen können Sie damit Spekulationsgeschäfte und zum anderen Absicherungsgeschäfte (sog. Hedging) tätigen.

Ihre Erwartungs-haltung	Options-Strategie	Gewinn oder Verlust
Sie erwarten stark steigende Aktienkurse	Kauf eines Call (sog. Long-Call)	Gewinn: unbegrenzt Verlust: max. Options-preis
Sie erwarten mäßig steigende Aktienkurse	Verkauf eines Put (sog. Short-Put)	Gewinn: Sie streichen die Optionsprämie ein Verlust: begrenzt
Sie erwarten eine große Kursbewegung, wissen aber nicht, in welche Richtung sie stattfindet	Kauf eines Call und eines Put mit dem gleichen Basispreis (sog. Straddle)	Gewinn: unbegrenzt Verlust: max. die beiden Optionsprämien
Sie erwarten nur eine kleine Kursänderung, wissen aber nicht, in welche Richtung sie stattfindet	Verkauf eines Call und eines Put mit dem gleichen Basis-preis (sog. Short-Straddle)	Gewinn: Options-prämien Verlust: unbegrenzt
Sie erwarten mäßig fallende Aktienkurse	Verkauf eines Call (sog. Short-Call)	Gewinn: Options-prämie Verlust: unbegrenzt
Sie erwarten stark fallende Aktienkurse	Kauf eines Put (sog. Long-Put)	Gewinn: begrenzt (da Aktie nicht unter Null fällt Verlust: Optionsprämie

Beispiel für einen Short-Put

Sie verkaufen einen Put mit einem Basispreis (Ausübungspreis) von 250 $. Der Put kostet annahmegemäß 5 $ (Optionsprämie). Nun fällt die Aktie unerwartet auf 248 $, und der Käufer des Put übt die Option aus. Für den Käufer des Put befindet sich die Option „im Geld", sodass er das Recht auf Abgabe seiner Aktie hat. Er dient Ihnen seine Aktie zum Basispreis von 250 $ an und ist froh, die Aktien nicht über die Börse zu einem niedrigeren Aktienkurs verkaufen zu müssen. Auf der anderen Seite streichen Sie als Verkäufer des Put die Optionsprämie von 5 $ ein und müssen die Aktie Ihres Vertragspartners zu 250 $ kaufen, sodass Sie 245 $ ausgeben. Sie können nun die Aktie über die Börse zu 248 $ verkaufen und machen einen Gewinn von 3 $. Aber Vorsicht: Wenn die Aktie auf 240 $ gefallen wäre, hätten Sie einen Verlust von 5 $ gemacht. Sie machen einen Gewinn, solange die Aktie nicht unter 245 $ fällt. Das ist Ihr Break-even-Punkt.

Wenn die Aktie aber wie erwartet auf 253 $ steigt, verfällt die Option für den Käufer des Put wertlos, da sie aus dem Geld liegt (out-of-the-money). Sie brauchen keine Aktien anzunehmen und streichen die Optionsprämie ein. Ihr Gewinn liegt bei 5 $. Das ist zugleich auch Ihr Höchstgewinn, auch wenn die Aktie auf 300 $ steigt. Bei starken Kurssteigerungen lohnt sich deshalb der Kauf eines Call (sog. Long-Call).

Der Vorteil von Options-Strategien liegt darin, dass Sie sie in jeder Börsenphase anwenden können. Damit sind Sie nicht – wie bei Aktien – nur auf steigende Kurse angewiesen.

Spekulative Strategien mit Optionen haben auch große Nachteile. Peter Lynch war strikt gegen Optionen. In seinem Buch „*Der Börse einen Schritt voraus*" schreibt er über Optionen:

„*In meiner ganzen Investmentlaufbahn habe ich nie eine Option gekauft, und ich kann mir nicht vorstellen, dies künftig zu ändern. Es ist schon schwer genug, mit regulären Aktien Geld zu verdienen, ohne von diesen Nebenwetten abgelenkt zu werden, von denen man sagt, dass sie kaum zu gewinnen sind, es sei denn, man ist professioneller Terminhändler [...] Mir ist bekannt, dass das hohe Gewinnpotenzial äußerst attraktiv für die vielen Kleinanleger ist, die unzufrieden darüber sind, dass sie zu langsam reich werden. Stattdessen entscheiden sie sich dafür, schnell arm zu werden. Das liegt daran, dass eine Option ein Terminkontrakt ist, der im Höchstfall nur einige Monate gültig ist und [meistens] wertlos verfällt [...] Am unerfreulichsten bei alledem ist, dass der Kauf einer Option nichts mit dem Anteilsbesitz an einem Unternehmen zu tun hat. Optionen führen nur zu einem gigantischen Kapitaltransfer von den Unvorsichtigen zu den Wachsamen.*"

Peter Lynch verdeutlicht uns die Gefahren von Optionsgeschäften. Sie können aber die Risiken von Optionsgeschäften dadurch senken, dass Sie sich lediglich auf sehr gute Aktien konzentrieren. Warren Buffett machte es den Anlegern vor. Im Jahr 1993 führte Buffett ein Optionsgeschäft durch, das breite Beachtung in den Medien fand. Er verkaufte Put-Optionen auf Coca-Cola, weil die Aktien kurzfristig unter Druck geraten waren. Andrew Kilpatrick hat das Optionsgeschäft in seinem Buch „Von bleibendem Wert" ausführlich beschrieben.

„Buffett verkaufte im April 1993 [bei einem Aktienkurs von 40 $] aus dem Geld liegende Put-Optionen für je 1,5 $, um 3 Mio Coca-Cola-Aktien zu kaufen. Die Optionen liefen am 17. Dezember 1993 aus und konnten bis dahin bei einem Aktienkurs von 35$ ausgeübt werden [...] Sein einziges Risiko bei diesem Put-Kontrakt war, dass er für die Aktien 35 $ je Anteil hätte zahlen müssen, ganz gleich, zu welchem weitaus niedrigeren Kurs Coke zu dieser Zeit an der Börse gehandelt würde. Doch auch wenn die Aktien niedriger notiert hätten, hätte er weitere Coke-Aktien gekauft, weil er sie ohnehin bei 35 $ kaufen wollte [...] Für Buffett war es eine typische Win-Win-Situation, indem er Geld und außerdem Coke-Aktien bekam."

Warren Buffett tätigte ein Short-Put-Geschäft mit der Verpflichtung, die Aktien von Coca-Cola zu kaufen, wenn sie unter dem Basispreis von 35 $ fallen und der Put ausgeübt wird. Sein Break-even-Punkt lag bei 33,5 $ (35 $ abzüglich der Optionsprämie von 1,5 $). Buffett war wahrscheinlich der festen Überzeugung, dass die Aktien von Coca-Cola nicht unter 35 $ fallen, sodass der Vertragspartner den Put nicht ausgeübt hätte.

Die Tabelle auf Seite 151 veranschaulicht uns, welche Erwartungen ein Investor haben muss, wenn er ein Short-Put-Geschäft tätigt. Buffett muss bei Coca-Cola mit leicht steigenden Kursen gerechnet haben. Er hielt das Risiko, dass die Aktien dieses hervorragenden Unternehmens weiter einbrechen, für sehr gering. Aber auch wenn das passiert wäre und er dazu gezwungen worden wäre, die Aktien zu kaufen, hätte ihm das nichts ausgemacht. Er war von Coca-Cola überzeugt und hätte dann die Aktien langfristig gehalten, sodass die Aktienkurse wieder steigen.

Buffett machte aus diesem Optionsgeschäft übrigens kein Geheimnis. Er bestätigte das Geschäft auf der Jahreshauptversammlung von Berkshire Hathaway im April 1993 und offenbarte den Aktionären, dass er mit einem ähnlichen Geschäft schon 2 Mio Aktien beschafft hatte.

Wie ging nun dieses spezielle Stillhalter-Geschäft mit den Aktien von Coca-Cola aus? Buffett behielt Recht, und der Aktienkurs brach nicht unter 35 $ ein, sodass er die gesamte Optionsprämie in Höhe von insgesamt 7,5 Mio $ als Gewinn einstreichen konnte.

Die Vorgehensweise von Warren Buffett verdeutlicht uns, dass auch konservative Investoren bei entsprechender Ausgestaltung des Optionsgeschäftes ohne große Risiken Optionen spekulativ einsetzen können. Voraussetzung hierfür ist, dass Sie sich auf die Aktien von exzellenten Unternehmen beschränken.

Optionen lassen sich aber nicht nur als Spekulationsinstrumente einsetzen. Sie können mithilfe von Optionen auch Ihr Portfolio vor Kursverlusten sichern (sog. Hedging oder bzw. Portfolio-Insurance).

Sie können Ihr Portfolio sicherlich auch mit Hilfe der Stopp-Loss-Strategie schützen. Dabei werden die Aktien sofort verkauft, sobald die Aktienkurse eine vorher definierte Untergrenze erreichen. Diese Strategie ist äußerst statisch, da sie nicht die Dynamik des Marktes berücksichtigt. Da Sie die Aktien verkaufen, nimmt Ihr Portfolio nicht an einer anschließenden Aufwärtsentwicklung des Aktienmarktes teil. Sie haben zudem bei größeren Kursbewegungen (zum Beispiel bei Börsencrashs) das Problem, dass Sie weit unter dem geplanten Zielkurs verkaufen müssen. Eine Lösung aus diesem Dilemma bieten Portfolio-Insurance-Strategien mit Optionen.

Die Basisstrategie zur Portfolio-Absicherung ist die Protective Put-Strategie. Hier schützen Sie Ihr Portfolio-Vermögen mittels des Kaufs von Put-Optionen nach unten ab. Der Portfolio-Mindestwert ist einfach der Basispreis der Option abzüglich der Optionsprämie (einschließlich der Transaktionskosten). Der Put-Kontrakt wird ausgeübt, wenn am Verfalltag der Portfoliowert unter dem Basispreis liegt. Wenn sich der Markt negativ entwickelt, ist Ihr Verlust auf die Höhe der gezahlten Optionsprämie begrenzt. Das Portfolio partizipiert aber problemlos an steigenden Aktienkursen.

Bei dieser Strategie haben Sie zwei Alternativen: Sie können zum einen Index-Puts erwerben und damit Ihr Gesamt-Portfolio absichern. Das ist nur dann sinnvoll, wenn das Portfolio in seiner Struktur dem Index entspricht. Sie können zum anderen aber auch für jede einzelne Aktie im Portfolio Puts kaufen und sich damit gegen fallende Kurse individuell absichern. Diese Alternative führt zu höheren Transaktionskosten. Deshalb verwenden Vermögensverwalter regelmäßig Index-Puts zur Absicherung der ihnen anvertrauten Portfolios.

Beispiel

Sie kaufen eine Aktie zu 225 € und sichern sie sogleich durch den Kauf eines Put mit dem Basispreis 220 € zum Preis von 10 € ab. Der maximale Verlust beträgt 15 € (225 € plus Optionsprämie von 10 € und abzüglich 220 €). Auch wenn die Aktie um 44,4% auf 100 € abstürzen sollte, erleiden Sie nur einen Verlust von 15 € und damit maximal 6,7%. Sie haben schließlich das Recht, den Put auszuüben und die Aktien zu einem Basispreis von 220 € abzustoßen.

Sie können alternativ auch einen Put mit Basispreis 200 € kaufen. Weit aus dem Geld liegende Optionen haben einen geringeren Preis, bieten aber auch weniger Schutz vor Kursverlusten. Nehmen wir in diesem Fall an, dass der Optionspreis bei 2 € liegt. Dann liegt zwar Ihr maximaler Verlust bei höchstens 27 €, wenn sich die Aktie aber positiv entwickelt und Ihr Put wertlos verfällt, verlieren Sie nur 2 € (eben die Optionsprämie). Im ersten Fall liegt die Optionsprämie und damit Ihr Verlust bei steigenden Kursen bei 10 €. Vermögensverwalter decken sich oft mit preiswerten Put-Optionen ein, um sich nur gegen größere Rückschläge abzusichern und ihre Portfolio-Rendite bei steigenden Kursen nicht durch Optionsprämien zu belasten.

Beispiel für einen Index-Put

Nehmen wir als Beispiel ein Vermögen von 500.000 €. Das Portfolio soll in seiner Struktur dem DAX entsprechen. Folglich hat das Portfolio einen Beta-Faktor mit einem Wert von 1. Der DAX soll einen Stand von 3.000 Indexpunkten haben. Die Anzahl der zu kaufenden Puts ergibt sich gemäß der Formel:

$$\text{Put-Anzahl} = \frac{\text{Portfoliowert}}{\text{Indexstand}} \times \text{Portfolio-Beta}$$

In diesem Fall: 500.000 dividiert durch 3.000 multipliziert mit 1. Das ergibt 166,67. Wir müssen deshalb 166,67 Put-Optionen zu einem Basispreis von 3.000 kaufen, um uns vollständig gegen Kursverluste abzusichern. Wir können an der EUREX aber nur mit Options-Kontrakten handeln, die sich auf das 5fache des DAX beziehen. Somit müssen wir insgesamt 33 Put-Kontrakte kaufen.

Neben der Portfolio-Insurance mit Put-Optionen ist auch eine Portfolio-Insurance mit Calls möglich. Dazu werden Calls mit Festzinsanlagen kombiniert. So werden bei der 90/10-Strategie 90% des Portfolios in die risikolose Festzinsanlage und 10% des Portfoliowertes in die risikobehafteten Calls investiert. Bei einem Anfangsvermögen von 500.000 € und einem Anleihenzins von 5% müssen Sie genau 476.190 € investieren, um nach 1 Jahr den Portfolio-Endwert von 500.000 € garantiert zurückzuerhalten (sog. Kapitalgarantie).

Dann können Sie den Restbetrag von 23.810 € heute in Index-Calls mit 12-monatiger Laufzeit investieren. Wenn die Calls nach 1 Jahr wertlos verfallen (falls der Aktienindex nicht oberhalb des Basispreises liegt), haben Sie immer noch Ihr Mindestkapital von 500.000 €. Wenn Sie aber richtig liegen und Ihr Call nicht wertlos verfällt, können Sie einen größeren Gewinn als bei der reinen Festzins-Strategie einfahren.

Vermögensverwalter bedienen sich mitunter komplexerer Absicherungs-Strategien mit Calls. So kann unter Verwendung der Black-Scholes-Modellierung für Optionen eine dynamische Absicherung durchgeführt werden. Dabei spielen die Kennzahlen Delta und Gamma, die wir in diesem Abschnitt beschrieben haben, eine bedeutende Rolle. Mittels Delta-Hedging ist es möglich, das Portfolio vollständig gegen kleine und stetige Kursänderungen der zugrunde liegenden Aktien zu immunisieren.

Allerdings müssen Sie kontinuierlich entsprechend dem Options-Delta das Portfolio bei größeren Kursänderungen anpassen, dann können sich Hedging-Strategien an der Börse trendverstärkend auswirken. Um das zu vermeiden und um das Portfolio auch gegen größere Kursänderungen der zugrunde liegenden Aktien vollständig zu immunisieren, wird ein sog. Delta-Gamma-Hedging betrieben. Bei dieser Strategie ist es möglich, den Gewinn (Verlust) der Options-Positionen durch den Verlust (Gewinn) der Aktien-Positionen vollständig auszugleichen. In der praktischen Implementierung der Strategie werden meistens Futures benutzt, da sich diese Finanzinstrumente als kostengünstiger erwiesen haben.

Privatanleger benutzen oftmals Optionsscheine. Banken benutzen zur Bestimmung des Wertes von Optionsscheinen aber die allgemeinen Options-Modelle wie das Black/Scholes-Modell. Ein bedeutender Vorteil von Optionsscheinen liegt in der breiten Palette der Underlyings (Aktien, Devisen, Zinsen, Indizes und Edelmetalle).

Eine Zusammenfassung der Options-Strategien finden Sie auf Seite 157.

5.3 Schlussbemerkungen

Die Asset Allocation bestimmt die Aufteilung Ihres Vermögens in die verschiedenen Vermögensklassen (Aktien, Anleihen, Cash, Immobilien, Optionen, Fonds).

Bei der strategischen Asset Allocation wird das Verhältnis der Vermögensklassen zueinander bestimmt. Die genaue Branchen- und Titelauswahl ist der taktischen Asset Allocation vorbehalten.

In den Medien wird oftmals die Formel „100% abzüglich Alter" zur Bestimmung des Aktienanteils im Depot propagiert. Wenn Sie zum Beispiel 25 Jahre alt sind, müssten Sie nach dieser Formel 75% Ihres Vermögens in Aktien investiert haben. Wenn Sie 70 Jahre alt sind, müssten Sie nur noch 30 Vermögen in Aktien investiert haben. Solche Formeln tragen nicht gerade zur besseren Portfolio-Performance bei. Wenn der Aktienmarkt und die Aktien überbewertet sind, hat auch ein 25 Jahre alter Anleger nichts am Aktienmarkt verloren. Dagegen können Sie auch im hohen Alter einen hohen Aktienanteil besitzen. Warren Buffett ist 72 Jahre alt und hat über 95% seines Vermögens in Aktien von Berkshire Hathaway investiert.

Peter Lynch und Warren Buffett empfehlen einen hohen Aktienanteil. Im Gegensatz zu den professionellen Anlegern, die sich an der Portfolio-Theorie orientieren, müssen Sie nicht übermäßig diversifizieren. Hohe Kursvolatilitäten an der Börse bieten eine gute Einstiegsmöglichkeit in exzellente Unternehmen und sind eher als Chance denn als Risiko aufzufassen.

Wenn Sie ausreichend Kenntnisse in Optionen besitzen, können Sie damit Ihr Depot gegen Kursverluste absichern. Damit haben Sie eine Alternative zu den statischen Stopp-Loss-Strategien.

Kenntnisse in Optionen sind heutzutage auch aus einem anderen wichtigen Grund bedeutend. Viele Technologie-Unternehmen wie zum Beispiel Microsoft, Dell Computer, eBay und Cisco Systems geben für ihre Mitarbeiter Stock Options aus, ohne diese offen in der laufenden Erfolgsrechnung (GuV-Rechnung) zu berücksichtigen. Stock Options verursachen zweifellos Kosten, die den Shareholder Value der Anleger mindern. Die Kosten von Stock Options müssen unter Zuhilfenahme der Options-Modellierung von Black/Scholes berechnet und in der GuV-Rechnung Gewinn mindernd angesetzt werden. Wenn Sie Kenntnisse in der Bewertung von Optionen haben, stellt dies kein Problem dar.

Darüber hinaus müssen Sie berücksichtigen, dass durch die Ausgabe von Stock Options die Kapitalsubstanz verwässert („dilutiert") wird, sodass Ihre Aktionärsrechte eingeschränkt werden.

Optionen stellen heutzutage wichtige Finanzinstrumente dar, deren Bewertung für einen gut informierten Anleger unabdingbar ist.

Übersicht Options-Strategien

❑ Bei Optionen werden 4 verschiedene Positionen unterschieden:
(a) Kauf eines Call (Long-Call)
(b) Verkauf eines Call (Short-Call)
(c) Kauf eines Put (Long-Put)
(d) Verkauf eines Put (Short-Put)

❑ Der Wert einer Option ist abhängig von den Faktoren: Basispreis, Aktienkurs, Volatilität des Aktienkurses, Restlaufzeit der Option, Zinsniveau und Dividende

❑ Spekulative Strategien mit Optionen hängen von den Erwartungen des Investors ab. Strategien mit Optionen, die sich auf exzellente Unternehmen beziehen, eignen sich auch für konservative Investoren. Allerdings müssen Sie dafür erfahren sein.

❑ Sie können darüber hinaus mit Hilfe von Optionen Ihr Portfolio gegen Aktienkursverluste absichern (Hedging). Das hat gegenüber der Stopp-Loss-Strategie den Vorteil, dass Sie auch an steigenden Kurse partizipieren. Wir unterscheiden einfache und komplexe Strategien. Komplexe Strategien werden meist von professionellen Vermögensverwaltern benutzt, um sich vollständig gegen Kursverluste abzusichern.

❑ Sie können sich mit Hilfe von Optionen auch gegen Wechselkursschwankungen und Zinsänderungen absichern. Dazu benötigen Sie Optionen auf Devisen und Anleihen. Voraussetzung hierfür ist eine tiefere Kenntnis über Options-Strategien.

Anhang

Kurzportraits werthaltiger Unternehmen

Bei der Aufzählung handelt es sich um interessante Unternehmen, die weitestgehend die Value-Kriterien erfüllen. Die Liste gibt keine Aussage über eine derzeitige Über- bzw. Unterbewertung der betreffenden Unternehmen.

Adidas-Salomon   Die Adidas-Salomon AG ist der weltweit zweitgrößte Hersteller von Sportartikeln. Die bekanntesten Markennamen sind adidas (Sportschuhe, -bekleidung, -zubehör), Salomon (Wintersport-und Trekkingartikel) und erima (Schwimmbekleidung, -zubehör). Golf-Ausrüstungen (TaylorMade), Alpin-Bekleidung (Bonfire) und Radkomponenten (Mavic) ergänzen das Portfolio. Zusätzlich hält Adidas eine 10-%-Beteiligung am FC Bayern München.

Allianz Holding   Der Allianz-Konzern ist der größte Versicherer Europas und nach der Akquisition der Dresdner Bank auch der führende Allfinanzdienstleister in Deutschland. Kerngeschäftsfelder sind die Bereiche Versicherung (Schaden/Unfall), Vorsorge (Leben/Kranken) und die Vermögensverwaltung. Der Konzern ist in 77 Ländern vertreten. Die Allianz hält Beteiligungen an einer Vielzahl von Großunternehmen (Münchener Rück u.a.).

Altria Group (Philip Morris)   Philip Morris ist einer der führenden Nahrungs- und Genussmittelkonzerne der Welt. Mit seinen Marken Marlboro und Benson & Hedges kontrolliert der Konzern die Hälfte des US-Tabak-Marktes und 16% weltweit. Die Produktbereiche Lebensmittel (Kraft) und Bier (Miller) erlangen ebenfalls Top-Weltmarktstellungen.

American Express American Express   ist der weltweit führende Anbieter von reisebezogenen Finanzdienstleistungen (Reiseschecks, Beratung). Daneben offeriert Amexco Bankdienstleistungen wie Kreditkarten (American-Express-Card, Optima-Card, Blue-Card), Finanzberatung (Finanzplanung, Lebens- und Rentenversicherungen, Fondsverkauf) und Brokerage Services.

Amgen Nach der Übernahme von Immunex ist Amgen der mit Abstand weltgrößte Biotech-Konzern. Hauptprodukte sind Epogen und der Nachfolger Aranesp gegen Blutarmut sowie Neupogen und die Weiterentwicklung Neulasta zur Stimulierung der weißen Blutkörperchen in der Krebstherapie. Im Immunex-Portfolio befindet sich mit Enbrel gegen rheumatische Arthritis ein weiterer potenzieller Blockbuster.

Anheuser-Busch Mit einem jährlichen Bierausstoß von rund 150 Mio Hektolitern ist Anheuser-Busch die größte Brauerei der Welt. Der Marktanteil in den USA beträgt 49%. Die Angebotspalette umfasst etwa 30 Biersorten, die in über 80 Ländern vertrieben werden. Zu den bekanntesten Marken gehören Budweiser, Corona und Michelob. Weitere Geschäftsbereiche sind Verpackungen, Recycling und der Betrieb von Freizeitparks.

AT&T Wegen der zu hohen Marktanteile im Telefongeschäft wurde AT&T 1984 in 7 regionale Gesellschaften aufgeteilt. Der AT&T blieb das Langstrecken-Telefongeschäft; AT&T investiert mit Hochdruck in den Ausbau der Mobiltelefonie- und Breitbandtechnik.

Beiersdorf Der Hamburger Beiersdorf-Konzern besteht aus den Sparten Cosmed (Kosmetika: Nivea, Labello, Zeozon, 8x4), Klebetechnik (tesa) und Medical (medizinische Artikel zur Wundversorgung: Hansaplast). Nivea ist die weltweit größte und gleichzeitig auch älteste Körperpflegemarke. Mit dem neuen Pflaster „Zauberkraft" will Beiersdorf vom Harry-Potter-Boom profitieren.

Berkshire Hathaway Berkshire Hathaway ist eine diversifizierte Holding mit dem Kerngeschäft Versicherungen, und zwar sowohl Erstversicherungen (Sach- und Schadensversicherungen wie Geico) als auch Rückversicherungen (General Re). Engagements bestehen auch im Produktionsbereich (Shaw Industries) und im Energiebereich (MidAmerican Energy). Das Finanzinvestment Portfolio umfasst Beteiligungen an Coca-Cola, Gillette und American Express.

Bijou Brigitte Bereits 1963 gründete Friedrich-Wilhelm Werner einen Modeschmuckhandel, der 1987 in die „Bijou Brigitte modische Accessoires AG" umgewandelt wurde. Heute ist Bijou Brigitte Deutschlands führender Anbieter von Modeschmuck. Das Sortiment umfasst rund 9.000 Artikel, die zu einem attraktiven Preis in über 540 Geschäften verkauft werden. Ergänzt wird das Sortiment durch Edelsteine und die exklusive Designer-Produktlinie Senso di Donna.

Biogen-Idec Biogen Idec ist im November 2003 aus der Fusion von Biogen und Idec Pharmaceuticals entstanden. Der Konzern entwickelt, produziert und vermarktet biotechnisch hergestellte pharmazeutische Produkte mit dem Fokus auf Krebsmedikamente und der Behandlung von Immunkrankheiten. Wichtigste Produkte sind Avonex gegen multiple Sklerose und Rituxan gegen Krebs. Wert im S&P 500.

Black & Decker Black & Decker produziert und vermarktet motorisierte Werkzeuge, Geräte und Accessoires für Haus und Garten sowie für Do-it-yourself-Handwerker und Gewerbetreibende. Black & Decker, DeWalt, Dustbuster und Kwikset sind die bedeutendsten Markennamen. Der Konzern beliefert mit seinen Produkten weit über 100 Länder und beschäftigt 22.700 Mitarbeiter. Die bedeutendsten Kunden von Black & Decker sind Home Depot und Lowes.

Bombardier Bombardier ist der weltweit drittgrößte Hersteller von Zivilflugzeugen. In den Bereichen Regional- und Business-Jets ist der Konzern Marktführer. Learjet, Challenger und CRJ200 gehören zu den bedeutendsten Jet-Marken. Bombardier ist seit der Übernahme von Adtranz in 2001 auch der weltweit größte Anbieter von Schienenverkehrstechnik. Daneben bietet der Konzern Freizeitfahrzeuge sowie Finanzdienstleistungen an.

Bristol-Myers Squibb Bristol-Myers Squibb Company ist ein weltweit tätiger, forschender Gesundheitskonzern. Die Produktpalette umfasst Medikamente und Therapien für verschiedene Krankheiten und Beeinträchtigungen mit Schwerpunkt Krebs- und Diabetesbehandlung. Eine weitere Sparte ist die Ernährung (Mead Johnson Nutritionals). Bristol-Myers Squibb hat seine Kosmetiksparte Clairol im November 2001 für 4,95 Mrd $ an Procter & Gamble verkauft.

British American Tobacco   BAT Industries ist der zweitgrößte Zigaretten-hersteller der Welt mit einem Weltmarktanteil von 15%. Der Konzern ist aktiv in 180 Ländern der Erde und Marktführer in über 50 Staaten. Zu den bekannten Marken zählen HB, Lucky Strike, Peter Stuyvesant, Benson & Hedges, Rothmans und Kent.

Campbell Soup   Campbell Soup ist ein in Nordamerika führender Produzent qualitativ hochwertiger Markenlebensmittel. Die Tomatensuppe in der rot-weißen Konservendose erlangte Weltruhm. Neben Suppen und-Saucen (Pace) werden Frucht- und Gemüsesäfte (V8), Kekse und Konditoreiwaren (Pepperidge Farm) hergestellt. In Deutschland ist die Marke vor allem unter dem Namen Erasco bekannt.

ChevronTexaco   ChevronTexaco entstand durch die Fusion von Chevron und Texaco im Oktober 2001 und ist einer der weltgrößten Energiekonzerne und der zweitgrößte Ölproduzent der USA. Mit seinen Geschäftsfeldern deckt Chevron die gesamte Palette der Industrie ab, von der Exploration und Produktion über den Transport, die Raffinierung bis hin zur Vermarktung von Öl und Gas. Daneben fördert Chevron Kohle und stellt petrochemische Produkte her.

Citigroup   Citigroup ist der größte Finanzdienstleister in den USA und deckt mit seinen Geschäftsbereichen nahezu alle Bankgeschäfte ab. Zur Citigroup gehören neben der Citibank, dem Retail-Bereich des Konzerns, die Investmentbank Schroder Salomon Smith Barney (SSSB) sowie die Versicherungsgesellschaft Travelers & Primerica. Citigroup ist in über 100 Ländern vertreten und verfügt über fast 200 Mio Kundenkonten.

Coca-Cola   Coca-Cola ist der weltgrößte Hersteller von Softdrinks und kontrolliert rund 50% des Weltmarkts für alkoholfreie Erfrischungsgetränke. Der Konzern vertreibt 300 verschiedene Produkte in 200 Ländern, darunter vier der fünf weltweit bekanntesten Getränkemarken (Coca-Cola, Fanta, Sprite und Schweppes). Die Gesellschaft ist zu 44% am Abfüller Coca-Cola Enterprises beteiligt.

Colgate-Palmolive   Der 1806 gegründete Konzern ist nach Procter & Gamble der zweitgrößte Hersteller von Hygieneprodukten und Haushaltsarti-

161

keln. Die Produktpalette umfasst Zahnpasta, Zahnbürsten, Shampoo, Deodorants, Seife sowie verschiedene Waschmittel. Daneben wird Tierfutter angeboten. Bekannte Marken sind Colgate, Dentagard, Ajax und Palmolive. Insgesamt umfasst das Portfolio über 1.000 Einzelprodukte, die in 200 Ländern vertrieben werden.

Danone Der Nahrungsmittelkonzern Groupe Danone ist der weltgrößte Produzent von Frischmilchprodukten (Top-Marke Danone) sowie die Nr. 2 im Bereich Mineralwasser (Evian, Volvic) und Gebäck (LU). Ergänzt werden diese drei Kerngeschäftsfelder durch kleinere Produktlinien (Asia-Saucen, -Gewürze).

Dell Computer Dell Inc. ist der weltweit führende Direktanbieter von PCs. Die Produktpalette umfasst Desktopsysteme, Notebooks, Workstations, Netzwerk- und Application-Server, Massenspeicherprodukte, Software, Peripheriegeräte und Serviceleistungen wie System-/Softwareinstallationen, Leasing sowie Beratung.

Diageo Diageo ist nach der Übernahme eines 61-%-Anteils an Seagram (die restlichen 39% wurden von der französischen Pernod Ricard erworben) Weltmarktführer bei Spirituosen. Bekannte Marken sind u.a. Guinness Stout, Smirnoff Wodka, Gordon's Gin, Johnnie Walker, Captain Morgan und Baileys. Die Fast-Food-Kette Burger King wurde verkauft.

DuPont Der Chemie-Multi E. I. DuPont De Nemours and Company ist das größte Chemie-Unternehmen in den USA und produziert eine weite Palette von Spezial- und Grundchemikalien für alle Wirtschaftszweige, z. B. Polyester, Nylon, Teflon, Fasern, Filme, Farben, Elektronikprodukte, außerdem Saatgut mittels biotechnologischer Verfahren für die Agrikultur. DuPont verkaufte Ende 2001 seine Pharmasparte an Bristol-Myers Squibb.

eBay eBay ist der weltgrößte Online-Auktionator. Das Unternehmen bietet auf seiner Website Anbietern und Nachfragern die Möglichkeit, alle Arten von Produkten wie Schmuck, Computer, Antiquitäten, Juwelen, Spielsachen und Autos zu handeln und auszutauschen. eBay erhebt für die Versteigerung der Artikel Gebühren. Die Online-Plattform gibt es in den USA, Deutschland, Großbritannien, Frankreich und in 14 weiteren Ländern.

Eli Lilly and Company Eli Lilly & Co. mit Sitz in Indianapolis gehört zu den 10 größten Pharmaunternehmen der Welt. Der Konzern erforscht, entwickelt, produziert und vermarktet Arzneimittel zur Behandlung von Depressionen, Schizophrenie, Diabetes, Krebs, Osteoporose und Herz-Kreislauf-Erkrankungen. 1999 erhielt Eli Lilly als erstes Pharma-Unternehmen den „Presidential Green Chemistry Challenge Award" für die Entwicklung neuer, umweltfreundlicher Verfahren.

Elsevier Elsevier ist eine Holding und mit einer 50-%-Beteiligung eine der beiden Muttergesellschaften der Reed Elsevier, eines internationalen Verlags und Informationsanbieters (Zeitungen, Magazine, Fachbücher, Online-Dienste) für wissenschaftliche, technische und medizinische Bereiche. Auf den Gebieten Recht und Steuern zählt Reed Elsevier zu den weltweit führenden Anbietern.

Ems Die Schweizer Ems-Chemie Holding AG ist ein weltweit aufgestellter Konzern der Spezialchemie-Branche. Metallersetzende, hochtemperaturbeständige Kunststoffe sowle technlsche Fasern und Kleber werden vornehmllch für dle Auto Industrie produziert, ferner Feinchemikalien für die Arzneimittel- und Papier-Industrie. Darüber hinaus verwerten die Ingenieure das Know-how im Anlagenbau, momentan vor allem in China.

Esprit Haupt- und Verwaltungssitz des Unternehmens ist Hong Kong. Der Sitz der Europa-Zentrale befindet sich in Ratingen, NRW. Von hier aus entwirft Esprit pro Jahr und Sparte 12 Kollektionen. Das Unternehmen ist in 40 Ländern aktiv. Derzeit betreibt Esprit 560 eigene Läden und beliefert mehr als 7.000 Händler weltweit. Deutschland ist mit einem Umsatzanteil von mehr als 50% wichtigster Absatzmarkt.

Exxon Mobil Exxon Mobil ist der weltgrößte nicht staatliche Energiekonzern. Die Geschäftätigkeit des Unternehmens umfasst die Exploration und Produktion von Öl und Gas, die Produktion von Strom und die Förderung von Kohle und Mineralien. Weitere Geschäftsbereiche sind Produktion und Vertrieb von Benzin, Ölprodukten und Chemikalien.

General Electric General Electric Ist eines der größten Industrieunternehmen der Welt. Die Produktpalette ist sehr breit und umfasst Triebwerke,

Ausrüstungen, Industrie- und Materialtechnik, Energietechnik, TV-Stationen, die General Electric Capital Services (Finanzierungen) sowie Versicherungen. Damit hat sich General Electric von einem amerikanischen Elektronikkonzern zu einem weltweit vertretenen Konglomerat gewandelt.

Gillette   Gillette gehört zu den weltweit führenden Markenartikelherstellern. Das Angebot umfasst Rasierklingen, Elektrorasierer, Elektrokleingeräte, Zahnbürsten, Toilettenartikel und Batterien (Duracell). Bekannte Markennamen sind Mach3, Sensor Excel, Venus, Braun und Oral B. Das defizitäre Schreibwaren- und Haarpflegegeschäft hat der Konzern im vergangenen Jahr verkauft. Gillette ist in 20 Ländern mit Produktionsstätten vertreten.

GlaxoSmithKline   GlaxoSmithKline (GSK) entstand 2001 aus der Fusion von GlaxoWellcome und SmithKline Beecham und ist hinter Pfizer das zweitgrößte Pharmaunternehmen der Welt. Die britische Gesellschaft hat weltweit einen Marktanteil von rund 7,4%. Neben rezeptfreien Produkten, Zahnpflege- und Hygieneartikeln (Dr. Best, Odol) stellt GSK spezielle Pharma- und Impfstoffe her. Zusammen mit der Bayer AG will der Konzern das Potenzmittel Vardenafil vermarkten.

H&R Block   H&R Block ist ein führendes Holding-Unternehmen für Steuer- und Finanzdienstleistungen. Der diversifizierte Konzern bietet seinen Kunden in den USA, in Kanada, Australien und Großbritannien einen kompletten Service zur Erstellung von Steuererklärungen. Daneben ist H&R Block auch in den Bereichen Hypothekenfinanzierung, Brokerage und Investmentberatung tätig. Zu den Kunden gehören Firmen und Privatpersonen.

H. J. Heinz   Die durch Ketchup und konservierte Bohnen bekannt gewordene H. J. Heinz Company hat sich mit 5.700 Markenerzeugnissen in über 200 Ländern zu einem international bedeutenden Nahrungsmittelhersteller entwickelt. Zu dem umfangreichen Angebot gehören auch Saucen/Würze, Tiefkühlpizzas und -Kartoffelprodukte, Thunfisch, Babynahrung und Tiernahrung.

Harley-Davidson   Harley-Davidson wurde 1903 gegründet und ist der einzige nordamerikanische Hersteller von schweren Gebrauchs- und Tourenmotorrädern. Zum Konzern gehören Buell, das den Bereich der Sport- und

Leistungsmaschinen abdeckt, und Eaglemark, eine Finanzierungsgesellschaft für den Groß- und Einzelhandel. Über 1.000 Händler weltweit vertreiben die legendären Motorräder, die Motorradbekleidungslinie „Motor-Clothes" und Utensilien rund ums Bike.

Heineken Die weltweit zweitgrößte Brauerei betreibt über internationale Töchter und Minderheitsbeteiligungen über 110 Brauereien in mehr als 50 Ländern. Das Produktportfolio umfasst etwa 80 Biersorten. Zugpferde sind die Marken Heineken und Amstel. Daneben werden alkoholfreie Getränke, Wein und Spirituosen verkauft.

Henkel Die Henkel KGaA ist mit Konsumentenklebstoffen (Pattex, Pritt) weltweit die Nr. 1. Auf dem traditionellen Gebiet der Waschmittel (Persil, Pril) ist der Familienkonzern in Europa genauso die Nr. 3 wie mit der Kosmetiksparte (Schwarzkopf, Fa, Theramed). Die Industriesparte Technologies führt mit Konstruktionsklebstoffen und Oberflächenreinigungstechnik den Weltmarkt an.

Hennes & Mauritz Hennes & Mauritz ist die größte Bekleidungskette Europas und weltweit die Nr. 2. Das Angebot der Einzelhandels- und Versandhäuser erstreckt sich über Damen-, Herren- und Kinderbekleidung, Mode-Accessoires und Kosmetik. Zur Zielgruppe gehören mode- und preisbewusste Verbraucher. H&M betreibt über 890 Warenhäuser in 17 Ländern, davon mehr als 220 in Deutschland, seinem größten Markt.

Hilti Hilti ist weltweit führend in der Bohr- und Befestigungstechnik für professionelle Anwendungen in der Bau- und Gebäudebranche. „Die Hilti" ist zu einem Synonym geworden, die Hilti AG zum Welt-Konzern mit Niederlassungen und Fabriken in 120 Ländern. Über die gesamte Spanne von Handwerker- bis Do-it-yourself-Maschinen bietet die börsennotierte Familienfirma eine Vielzahl von Dübel- und Installationstechniken sowie Brandschutz- und Schaumsysteme.

Hilton Hotels Hilton Hotels Corporation gehört mit 2.000 Hotels in 50 Ländern zu den bedeutendsten Hotelkonzernen weltweit. Die Kernaktivitäten der Gruppe beinhalten die Bewirtschaftung, die Verwaltung und das Franching von Luxushotels, darunter so bekannte Marken wie Hilton und Hampton Inn, das berühmte Waldorf Astoria und die Conrad-Hotels, -Resorts und -Casinos in Übersee.

Hugo Boss Hugo Boss ist ein international bedeutender Modekonzern mit Kollektionen für Damen und Herren. Im textilen Kerngeschäft stehen die Marken Boss und Boss Woman für edle Business-Mode sowie Hugo und Hugo Woman für hochwertige avantgardistische Produkte. Das Label Baldessarini bezeichnet die Herren-Luxusmarke. Die Herstellung nicht textiler Lifestyle-Produkte wird durch Lizenzpartner abgedeckt.

Intel Intel designt, produziert und vermarktet Computerkomponenten und -produkte. Zu den wichtigsten Produkten zählen Mikroprozessoren (Pentium-Chips), Chipsets, integrierte intelligente Chips, Microcontroller, Flash-Memory-, Konferenz-, Grafik-, Netzwerk- und Kommunikationsprodukte, System-Management-Software sowie Produkte zur digitalen Bildverarbeitung.

Johnson & Johnson Johnson & Johnson gehört zu den weltweit führenden Herstellern von Gesundheitsprodukten. Die Angebotspalette umfasst Medikamente, Hygiene- und Pflegeartikel sowie medizintechnische Instrumente. Bekannte Marken sind Penaten, bebe und o.b. Mit der Übernahme von Alza hat sich Johnson & Johnson zudem ein Standbein im wachstumsstarken Biotechnologie-Sektor geschaffen. Die Produkte werden in mehr als 175 Ländern verkauft.

Kellogg Kellogg ist der weltweit führende Produzent von Zerealien (Frühstücksflocken, Müsli). Daneben werden andere Getreidenahrungsmittel wie zum Beispiel Fertignahrung, Toastgebäck, gefrorene Waffeln und Bagels hergestellt. Top-Marken sind Kellogg's und Morningstar Farms. Die Vermarktung erstreckt sich über mehr als 160 Länder.

Kimberly-Clark Kimberly-Clark produziert Hygieneartikel. Zu den Produkten für den Konsumentenbereich gehören Babywindeln (Huggies) und Frauenhygiene-Produkte (Kotex) sowie Taschentücher (Kleenex) und Servietten. Darüber hinaus werden im Away-from-home-Segment (AFH) u. a. Papierhandtücher und Wisch-Tücher für Großverbraucher hergestellt. Fabriken hat Kimberly-Clark in 41 Ländern.

Kraft Foods Kraft Foods ist Amerikas Lebensmittelunternehmen Nr. 1. Im Jahre 2001 wurde Kraft Foods von Philip Morris abgespalten, der IPO war der zweitgrößte in der Geschichte der USA. Zu den bekannten Marken gehören Kraft-Käse und Nabisco (Cracker und Gebäck). Die Produkte von Kraft werden in 140 Ländern verkauft. Die Altria Group hält immer noch 84% der Anteile an Kraft Foods und fast alle Stimmrechte.

Lindt & Sprüngli Das 1845 gegründete Unternehmen gehört zu den führenden Herstellern von Schokoladeprodukten und Spezialitäten der gehobenen Preiskategorie. Zu den bekanntesten Produkten gehören Fioretto, Lindor sowie der Gold-Osterhase mit Glöckchen. Die Produktions- und Vertriebsfirmen werden unter dem Dach einer Holding geführt. Darüber hinaus vertreibt der Konzern sein Angebot über selbstständige Handelsunternehmen.

L'Oréal Die Franzosen sind unangefochtener Weltmarktführer für Schönheitsprodukte. L'Oréal vertreibt rund 2.000 Produkte für die Haar-, Körper- und Hautpflege. Hinzu kommen Parfums, Düfte sowie Cremes. Zu den bekanntesten Marken gehören Garnier, Ralph Lauren, Giorgio Armani, Jade und Lancôme. Das Angebot deckt sämtliche Preisklassen von der Massenware bis zum Luxusartikel ab. L'Oréal ist zu 19,5% am Pharmakonzern Sanofi-Synthélabo beteiligt.

McDonald's McDonald's betreibt mit mehr als 29.000 Einheiten in über 120 Ländern weltweit das größte Netz von Schnellimbiss-Restaurants, von denen etwa 60% als Franchise-Unternehmen betrieben werden. Die Fast-Food-Kette zählt dabei täglich mehr als 45 Mio Restaurantbesucher. Zu McDonald's gehören zahlreiche bekannte Gastronomie-Marken, Aroma Café, Donatos Pizza und Boston Market.

McGraw-Hill McGraw-Hill ist ein bedeutender amerikanischer Verlagskonzern und Informationsdienstleister. Die Kernaktivitäten Bildung, Finanzdienste sowie Informations- und Mediendienste umfassen eine breite Produktpalette, u. a. wissenschaftliches Lehrmaterial, Zeitungen und Magazine (Business Week), den Finanzservice von Standard & Poor's, Online-Datenbanken und TV-Sender.

Medtronic Der mit Abstand weltgrößte Medizintechnik-Konzern ist vorwiegend in den Geschäftsbereichen Herzrhythmus-Kontrolle, Neurologie, Wirbelsäulen- und Gefäßchirurgie tätig. Mit einem Weltmarktanteil von 50% ist Medtronic die unangefochtene Nr. 1 bei Herzschrittmachern. Die hohe Innovationskraft bildet seit Jahren die Grundlage für den Erfolg.

Microsoft Microsoft ist weltgrößter unabhängiger Entwickler von Produkten und Technologien für den Computer. Die Produktpalette umfasst das Betriebssystem Windows sowie Office-, Server-, Entwickler-, Homeoffice-, Internet-, Mobile-, Macintosh- und PC-Spiele-Software. Daneben wird Hardware für den PC (Maus, Tastatur, Joystick) vertrieben. Zusätzlich betätigt sich Microsoft als Internet-Service-Provider (MSN).

Moody's Moody's ist eine weltweit führende Kredit-Rating-Agentur. Der Finanzdienstleister analysiert und bewertet die Kreditwürdigkeit von festverzinslichen Wertpapieren (Anleihen) und deren Emittenten (Staat, Unternehmen). Moody's beschäftigt weltweit rund 800 Analysten und bewertet für seine Kunden rund 85.000 Wertpapiere. Zum Kundenkreis gehören Privatanleger, Geschäfts- und Investmentbanken sowie Unternehmen und Regierungen.

Nestlé Nestlé ist der größte schweizerische Industriekonzern und weltweit die Nr. 1 im Bereich der Nahrungsmittelhersteller. Die Palette der Markenartikel umfasst Getränke, Milch- und Diätprodukte, Babynahrung, Zerealien, Schokolade, Süßwaren, Konserven, (Tiefkühl-)Fertiggerichte und Tierfutter. Bedeutende Beteiligung: L'Oréal (Kosmetik).

Nokia Das Technologieunternehmen Nokia ist der größte Industriekonzern Finnlands und der weltweit führende Produzent von Mobiltelefonen. Zudem nimmt Nokia eine dominante Position als Anbieter von digitalen Telekommunikations-Netzwerken ein. Weitere Kompetenzen liegen in der Entwicklung und Herstellung von Elektronikgeräten.

Novartis Novartis entstand 1996 aus der Fusion von Ciba-Geigy AG und Sandoz AG. Der Konzern befasst sich schwerpunktmäßig mit der Erforschung, Entwicklung, Produktion und Vermarktung von Pharmazeutika (Herz/Kreislauf, Asthma, Gynäkologie, Arthritis, Krebs). Weitere Geschäftsfelder sind Augenheilkunde (Marke CIBA Vision), Generika sowie Human-bzw. Tiermedizin. Besonders positiv entwickelt sich das Pharmageschäft in den USA.

Numico   Koninklijke Numico N.V. (vormals Nutricia) produziert, entwickelt und vermarktet Babynahrung sowie „functional food". Wichtigste Produkte sind Muttermilchersatz, Babynahrung, Getränke und Cerealien. Durch die Übernahme der US-amerikanischen General Nutrition Company (GNC) stieg Numico zum weltgrößten Anbieter von Vitaminen auf.

Oracle   Oracle bietet mit Datenbank- und Applikations-Servern für Intra- und Internet Firmensoftware für das E-Business an (Anwendungen, Entwicklungs-Tools, Unterstützung für Geschäftsentscheidungen). Als einziger Anbieter offeriert Oracle globale E-Business-Komplettlösungen für Firmen (Front-Office-CRM, Back-Office-ERP, Plattform-Infrastruktur) und darauf spezialisierte Beratung, Ausbildung sowie Support Services.

Outback Steakhouse   Outback Steakhouse betreibt 903 Restaurants unter den Markennamen Outback Steakhouse, Carrabba's Italian Grill, Fleming's Prime Steakhouse & Wine Bar, Roy's, Lee Roy Selmon's und Bonefish Grill. Auf der Speisekarte stehen Steakvarianten, Rippchen, Huhn, Fisch, Meeresfrüchte oder Pasta. Die Restaurants öffnen nur zum Dinner und bieten eine gepflegte Gastlichkeit. Standorte gibt es in 50 US-Bundesstaaten und 21 Ländern weltweit.

Patterson Dental   Patterson Dental ist neben Henry Schein der führende Anbieter von Dental-Produkten in den USA und Kanada. Das Unternehmen beliefert Zahnärzte, Laboratorien und Institutionen des Gesundheitssektors mit Materialien (wie Bohrer oder Füllmaterialien), technischen Geräten, Bürosoftware und Schreibwaren. Daneben ist der Konzern auch im Markt für Veterinärprodukte tätig. Absatzkanäle sind der Direktvertrieb und Repräsentanten.

Paychex   Paychex ist hinter Automatic Data Processing der zweitgrößte Dienstleister für Lohn- und Steuerabrechnungen in den Vereinigten Staaten. Das Unternehmen hat rund 100 nationale Niederlassungen und bedient rund 390.000 mittelständische Arbeitgeber, die jeweils weniger als 200

Beschäftigte haben. Paychex hat sich primär auf kleine und mittelständische Unternehmen spezialisiert und ist ausschließlich in den Vereinigten Staaten tätig.

PepsiCo PepsiCo ist der weltweit zweitgrößte Hersteller von Softdrinks und mit der Marke Frito-Lay die Nr. 1 im Snack-Bereich. Daneben werden Fertiggetränke der Marke Lipton Tea, das Mineralwasser Aquafina und der Fruchtsaft Tropicana vertrieben. Die mit der Übernahme von Quaker Oates erworbene Marke Gatorade beherrscht mit einem Anteil von 85% den US-Markt für Sportgetränke.

Pfizer Der US-Pharmakonzern Pfizer liegt mit seinen verschreibungspflichtigen Präparaten international auf Platz 1. Das Produktportfolio beinhaltet 6 der 20 weltweit meistverkauften Medikamente wie Lipitor (Anticholesterinmittel), Viagra (Potenzmittel), Norvasc (Herz/Kreislauf), Zoloft (Anti-Depressivum) und Zythromax (Antibiotikum). Der Konzern verfügt außerdem über das weltweit größte Tierarzneimittelgeschäft.

Porsche Porsche ist der kleinste unabhängige Autobauer der Welt. Das Unternehmen hat sich in der Vergangenheit erfolgreich als Anbieter von Sportwagen der Luxusklasse etabliert. Zu den Produkten gehören verschiedene Varianten des Porsche 911 (Carrera, Turbo, GT2) sowie die zwei Roadster-Modelle Boxster und Boxster S. Erweitert wird die Modellpalette ab Dezember um den Geländesportwagen Cayenne.

Procter & Gamble Procter & Gamble gehört zu den weltweit führenden Markenartikel-Unternehmen. Gemessen am Börsenwert übertrifft der Konzern Konkurrenten wie Colgate, Kimberly-Clark oder Unilever um Längen. Die wichtigsten Marken sind Pampers, Tampax, Ariel, Lenor, Tempo, Punica oder Bounty. Insgesamt sollen allein schon die 250 bekanntesten Marken, die in 140 Ländern regelmäßig von etwa 5 Mrd Kunden gekauft werden, einen Wert von 45 Mrd $ haben.

Puma Puma wurde 1948 in Herzogenaurach gegründet. Als sich die Brüder Rudolf und Adi Dassler trennten, wurde das Familienunternehmen in adidas und Puma aufgeteilt. Die Kernkompetenzen liegen in den Sportarten Fußball und Laufen. Heute gehört Puma zu den stärksten Markennamen in der Branche. Neuartige Concept Stores wurden in San Francisco, New York, Tokio, Paris und Rom eröffnet.

Roche Holding Roche Holding ist ein weltweit operierendes Pharmaunternehmen mit einem breiten Spektrum an Produkten und Dienstleistungen, die auf die Vorbeugung, Diagnose und Behandlung von Krankheiten ausgerichtet sind. Das Geschäft gliedert sich in die Sparten Pharmazeutika, Diagnostika, Vitamine und Feinchemikalien. Roche Holding hält eine Mehrheitsbeteiligung an dem US-Biotechnologie-Unternehmen Genentech.

Samsung Samsung Electronics Co. Ltd. zählt zu den größten Herstellern von Speicher-Chips weltweit und ist der größte südkoreanische Elektronikartikel-Hersteller. Das Unternehmen produziert DVD-Spieler, Fernsehapparate, Videorekorder, Digitalkameras, Festplatten, PC-Monitore, Drucker und RAM-Speicher-Chips. Weitere Produkte sind u. a. Mikrowellenherde, Kühlschränke und Staubsauger.

Skechers USA Skechers USA ist eine führende Schuhladenkette (Schuhe, Sandalen, Sportschuhe, Stiefel) für Männer, Frauen und Kinder. Skechers vertreibt seine Schuhe über den Einzelhandel, über eigene Schuhläden sowie über seine Website Skechers.com. Das Unternehmen ist überwiegend in den USA, in Europa (Großbritannien, Frankreich, Deutschland, Schweiz und Spanien) und in Asien präsent. Die Produktionskapazitäten befinden sich in China.

Staples Staples vertreibt Büroausstattungen (Computer, Zubehör, Möbel, Verbrauchsmaterial) in eigenen Geschäften und im Versandhandel. Staples ist in 4 Segmenten organisiert: North American Retail betreibt die Staples Supermärkte in den USA und in Kanada; Contract and Commercial betreut Vertragshändler und das Versandgeschäft; Staples.com ist als E-Commerce-Betreiber aktiv, und European Operations betreut das Europa-Geschäft.

Starbucks Starbucks betreibt weltweit über 5.500 Coffee-Shops. Daneben verfügt die Kaffeehauskette über eigene Röstereien. Außer hochwertigen Kaffeespezialitäten verkauft das Unternehmen Komplementärprodukte wie Kaffeemaschinen und andere Accessoires. Der Vertrieb über Filialen wird ergänzt durch Joint Ventures, Verkäufe an Restaurantketten und durch den Versandhandel. In den USA werden 79% der Umsätze erzielt.

Swatch Group   Die Swatch Group gehört als Unternehmensgruppe zu den Schweizer Aushängeschildern in der Welt. Neben den bunten Kunststoffuhren gehören mittlerweile 18 Uhrenmarken zum Konzern. Darunter befinden sich so etablierte Namen wie Omega, Rado oder Glashütte. Einen weiteren Ertragspfeiler bilden die elektronischen Systeme wie die Telecom-Aktivitäten der Gruppe. Durch eigene Läden wird das Vertriebsnetz stetig ausgebaut.

Tiffany & Co.   Tiffany & Co. ist ein traditionsreicher (1837 gegründet), international renommierter Juwelier und Einzelhändler für Spezialitäten. Das Unternehmen betätigt sich als Designer, Hersteller und Einzelhändler für exklusiven Schmuck (79% des Umsatzes), Uhren, Tafelsilber, Porzellan, Kristallglaswaren, Parfums, Sport-Trophäen, Auszeichnungen, edle Schreibwaren und Accessoires.

Unilever   Unilever ist einer der weltweit bedeutendsten Markenhersteller im Konsumgüterbereich. Bekannte Labels der beiden Geschäftsfelder Unilever Bestfoods (Nahrungsmittel) sowie Haushalt und Körperpflege sind Knorr, Magnum, Lipton, Rama, Mazola sowie Omo, Kuschelweich, außerdem Lux, Dove, Mentadent und Calvin Klein.

UST   Mit einer bis in das Jahr 1822 zurückreichenden Historie ist UST heute eine Holding für die Gesellschaften U.S. Smokeless Tobacco Comp. und International Wine & Spirits. Mit einem Marktanteil von 77% in den USA ist UST der führende Hersteller und Händler von Kau- und Schnupftabak. Bekannte Marken sind Copenhagen Snuff, Skoal und Red Seal, von denen zusammen täglich 1,7 Mio Dosen verkauft werden.

Walgreen   Walgreen ist die größte Drogeriemarkt-Kette in den USA. Walgreen betreibt über 3.600 Drogerien in 43 Staaten und in Puerto Rico sowie weitere 9 Distributionszentren. Die Filialen sind Märkte, die eine Mischung aus Apotheke, Drogerie und Supermarkt darstellen. Mit über 80.000 Angestellten werden verschreibungspflichtige Medikamente,

Nahrungsmittel, Getränke und Kosmetikartikel sowie Foto-Entwicklungen angeboten.

Wal-Mart Stores   Wal-Mart Stores ist mit mehr als 4.150 Filialen das größte Einzelhandelsunternehmen der Welt. Das Erfolgskonzept des Konzerns ist eine breite Angebotspalette zu günstigen Preisen, kombiniert mit einem erstklassigen Kundenservice. Die meisten Verkaufszentren befinden sich in den USA, in der Regel außerhalb der Ballungsgebiete. Dazu gehören Supermärkte, Kaufhäuser und Club-Geschäfte (Sam's Club).

Walt Disney   Walt Disney Co. ist der weltweit drittgrößte Medienkonzern. Neben dem Betrieb von Vergnügungs- und Themenparks in Florida, Kalifornien, Paris und Tokio erfolgt die Produktion von Kinofilmen (Buena Vista, Touchstone, Hollywood Pictures) und Tonträgern. Außerdem ist das Unternehmen in den Bereichen TV-Sender (ABC, ESPN), Radio und Verlag sowie Einzelhandel mit Disney-Produkten aktiv.

Washington Post   Zum Unternehmen Washington Post gehören die gleichnamige Tageszeitung (Auflage: 784.000), The Herald (Everett, Washington) und das Wochenmagazin Newsweek (Auflage: 3,1 Mio). WP betreibt sechs Fernsehstationen und eine Vielzahl kleinerer Kabelfernsehnetze in 18 Bundesstaaten der USA. Die Kaplan-Bildungszentren sind führende Anbieter im Bereich der Aus- und Weiterbildung sowie im Karriereservice.

Wrigley   Wrigley, 1891 gegründet und seit 1917 an der Börse gehandelt, ist heute, mit Produktionsstätten in 12 Ländern, weltweit der größte Produzent von Kaugummis und Süßwaren, die in über 150 Ländern verkauft werden. Die Produktpalette gliedert sich in die Sparten Geschmack, Atemfrische, Mundhygiene sowie Wohlfühlen. Die ältesten Sorten sind Wrigley's Juicy Fruit und Wrigley's Spearmint.

Yahoo   Yahoo! Inc. bietet Internetdienstleistungen im Bereich Medien, Kommunikation, Information und Shopping an. Das Unternehmen war der erste und ist heute der führende Anbieter von Online-Suchmaschinen. Der Name Yahoo ist weltweit ein bekannter Markenname. Das Unternehmen ist führend in der Verbreitung von Internetadressen. Über 48 Mio Menschen besuchen jeden Monat die Seiten von Yahoo! Inc.

Börsenweisheiten großer Investoren

A stock doesn't know you own it.

I never attempt to make money on the stock market. I buy on the assumption that they could close the market the next day and not reopen it for five years.

Mr. Market shows up each day offering a price at which he will buy your share of the business or sell you his share. No matter how wild his offer is or how often you reject it, Mr. Market returns with a new offer the next day and each day thereafter: Mr. Market is your servant, not your guide.

Of course, the investor of today does not profit from yesterday's growth. Price is what you pay. Value is what you get.

Risk comes from not knowing what you are doing.

Auch für eine hervorragende Aktie kann man zu viel bezahlen.

Investiere nur in eine Aktie, deren Geschäft du auch verstehst.

Mit genug Insider-Informationen und einer Million Mark kann man schon nach einem Jahr ruiniert sein.

Konzentrieren Sie Ihre Investments. Wenn Sie über einen Harem mit 40 Frauen verfügen, lernen Sie keine richtig kennen.

Ich will in der Lage sein, meine Fehler zu erklären. Das bedeutet, dass ich nur Dinge tue, die ich vollkommen durchschaue.

Man sollte in Unternehmen investieren, die selbst ein Vollidiot leiten könnte, denn eines Tages wird genau das passieren.

Wenn ich eine Aktie einmal habe, gebe ich sie am liebsten nie wieder her.

Ein Unternehmen braucht einen Burggraben, um sich vor demjenigen zu schützen, der eines Tages kommen und das gleiche Produkt für einen Heller weniger anbieten wird.

Wenn ich eine Aktie kaufe, stelle ich mir vor, ich würde ein ganzes Unternehmen kaufen, so, als ob ich einfach den kleinen Laden an der Ecke kaufen würde. Würde ich ihn kaufen, würde ich alles über ihn wissen wollen.

Es ist besser, ungefähr Recht zu haben, als sich tödlich zu irren.

Buffetts Erklärung, wie er Aktien analysiert:

Investieren und Journalismus sind dasselbe. Ich bat ihn, sich vorzustellen, er müsste an einem fundierten Artikel über seine eigene Zeitung arbeiten. Er würde viele Fragen stellen und auf viele Fakten stoßen. Schließlich würde er über die „Washington Post" Bescheid wissen. Mehr ist nicht dabei.

Man kann damit rechnen, dass die Menschen gierig werden, Angst bekommen oder übermütig werden. In welcher Reihenfolge, lässt sich nicht vorhersagen.

Eine Aktie, die man nicht 10 Jahre zu halten bereit ist, darf man auch nicht 10 Minuten besitzen.

Warren Buffett

Gewinn ist Segen, wenn man ihn nicht stiehlt.

William Shakespeare

Kaufen, wenn die Kanonen donnern.
Kein Unternehmen kann so schwach sein, dass es durch ein gutes Management nicht wiederbelebt werden könnte. Kein Unternehmen kann so stark sein, dass es durch ein schwaches Management nicht zerstört werden könnte.

Wallenberg

Der Oktober ist einer der besonders gefährlichen Monate an den Börsen. Die anderen gefährlichen Monate sind Juli, Januar, September, April, November, Mai, März, Juni, Dezember, August und Februar!

Mark Twain

Stocks are never too high to buy and never too low to sell.
Echte Spitzeninvestoren sind nicht häufiger als fähige Generale, Admiräle, Wissenschaftler, Juristen, Künstler, Komponisten und Musiker.

Loeb

Es gibt ein weitverbreitetes Sprichwort: „Geld allein macht nicht glücklich". Wer dies behauptet, hat für gewöhnlich keins.

Es ist oft klüger, ein paar Stunden über sein Geld nachzudenken, als einen ganzen Monat für Geld zu arbeiten.

Mein Ansatz funktioniert nicht, weil er zutreffende Prognosen macht, sondern weil er mir erlaubt, falsche Prognosen wieder zu korrigieren.

George Soros

Wirklich genießen kann man nur das Geld, das man mühsam verdient hat. Aber wenn man es mühsam verdient, hat man keine Zeit, es zu genießen.

Aldous Huxley

Jeder kann Geld mit Aktien verdienen, wenn er nur seine Hausaufgaben macht.
Verliebe dich nie in eine Aktie, bleibe immer aufgeschlossen.

Peter Lynch

Die Erfahrung ist der erbärmlichste aller Lehrer; sie bittet zur Prüfung, noch bevor der Unterricht begonnen hat.
Sell in May and go away.
Only the Sky is the Limit !
Wenn man jung ist, denkt man, Geld sei alles, und erst, wenn man älter wird, merkt man, dass es alles ist.

Oscar Wilde

Eine Investition in Wissen bringt die besten Zinsen.

Benjamin Franklin

Hin und her macht Taschen leer.
Alle menschlichen Fehler sind Ungeduld.

Franz Kafka

Politische Börsen haben kurze Beine.
Niemand plant zu scheitern; man scheitert vielmehr, weil die Planung fehlt.

Charles L. Minter

Würde alles Geld dieser Welt an einem beliebigen Tag um drei Uhr nachmittags unter die Erdenbewohner verteilt, so könnte man schon um halb vier erhebliche Unterschiede in den Besitzverhältnissen der Menschen feststellen.

Wenn man kein Geld hat, denkt man immer an Geld. Wenn man Geld hat, denkt man nur noch an Geld.

Paul Getty

Ich habe oft gesagt, dass der Kauf in einem steigenden Markt die angenehmste Art ist, Aktien zu kaufen.

Märkte haben nie Unrecht, Menschen oft.

Spekulation ist kein einfaches Geschäft. Es ist kein Spiel für dumme und mental faule Menschen mit geringem emotionalem Gleichgewicht.

Jesse Livermore

Euphorie und Panik sind die schlechtesten Ratgeber bei Geldanlagen.

Roland Leuschel

Es gibt tausend Möglichkeiten, sein Geld auszugeben, aber nur zwei, Geld zu verdienen: Entweder wir arbeiten für Geld, oder Geld arbeitet für uns!

Kaufe nicht, wenn der Kurs am niedrigsten ist. Verkaufe nicht, wenn der Kurs am höchsten ist, das können nur Lügner.

Bernard Baruch

Die Börse ist wie ein Paternoster. Es ist ungefährlich, durch den Keller zu fahren. Man muss nur die Nerven behalten.

John Kenneth Galbraith

Sie kaufen erst, wenn sie meinen, jedes Risiko vermieden zu haben. Meistens kaufen sie zu spät.

J. Paul Getty

Genug ist besser als zu viel.

Wichtig ist, dass Sie öfter Recht haben, als sich zu irren. Wenn Sie Recht haben, sollten Sie sehr Recht haben, wenigstens von Zeit zu Zeit. Und wenn Sie sich irren, dann sollten Sie das erkennen, bevor Sie sich sehr irren!

Der einzige Investor, der nicht diversifizieren sollte, ist derjenige, der immer 100% richtig liegt!

Die Zeit des größten Pessimismus ist die beste Zeit des Kaufens, die Zeit des größten Optimismus ist die beste Zeit zu verkaufen!

Wer die gleichen Aktien kauft wie alle anderen, hat auch die gleiche Performance!

John Templeton

Wer den ganzen Tag arbeitet, hat keine Zeit, Geld zu verdienen.

Rockefeller

Wenn du kein Geld hast, hast du die wenigsten Freunde, aber die besten!

Franz Carl Endres

Kaufen, wenn Blut auf der Straße schwimmt!

Mark Mobius

Geduld ist die oberste Tugend des Investors.
Ich glaube, dass es für eine Minderheit von Investoren möglich ist, bessere Ergebnisse zu erzielen als der Durchschnitt. Unter zwei Voraussetzungen: Erstens müssen sie ihre Auswahlkriterien auf den wahren Wert der Papiere konzentrieren, statt auf den aktuellen Marktpreis. Zweitens müssen sie grundlegend andere Geschäftsmethoden anwenden als die meisten Käufer von Wertpapieren. Sie stellen eine eigene Kategorie dar, die sich von der allgemeinen Öffentlichkeit fernhalten sollte.

Benjamin Graham

Diversifikation begünstigt die Ignoranz.

William O'Neil

Wenn sich alle Experten einig sind, ist Vorsicht geboten.

Bertrand Russell

Wenn es um dein Geld geht, dann vertraue nur einer einzigen Person: dir selbst.

Tom und David Gartner

Wer die Kreise der Börse betritt, wird in ewiger Unruhe gehalten und sitzt in einem Gefängnis, dessen Schlüssel im Meer liegen und dessen Riegel sich niemals öffnen.

Don Joseph de la Vega

Zur wichtigen Schlüsseleigenschaft Geduld: Ich warte nur einfach, bis irgendwo Geld in der Ecke liegt und ich nur hinübergehen muss, um es aufzuheben. Vorher mache ich nichts.

Jim Rogers

Ich kann zwar die Bahn der Gestirne auf Zentimeter und Sekunden berechnen, aber nicht, wohin eine verrückte Menge einen Börsenkurs treibt.

Sir Isaac Newton

Bullenmärkte machen Anleger übermütig: Wenn man als Ente auf einem Teich schwimmt und dieser aufgrund von Regenfällen ansteigt, bewegt man sich in der Welt allmählich nach oben. Aber man hält sich selber für die Ursache und nicht den Teich.

C. Munger

Kaufe nicht, was du brauchst, sondern was nötig ist.

L Annaeus Seneca

Mancher Erfolg wird dem Menschen zum Schaden, mancher Gewinn wird zum Verlust.

Altes Testament

Die besten Aktienstrategien

194 Seiten, Hardcover
Preis € 24,90 (D); € 25,60 (A); SFr 43,70
ISBN 3-89879112-2

Ein Aktienanleger steht vor 2 Hauptproblemen: Zum einen, wann er ein- und aussteigen soll, zum zweiten, welche Aktien er zum Kauf auswählen soll. In der Börsenliteratur gibt es zu beiden Problemen viele Ratschläge, aber kaum in der Praxis durchgetestete Methoden. Diese Lücke wird hiermit geschlossen. Seit Jahrzehnten errechnet Uwe Lang die optimalen Kauf- und Verkaufszeitpunkte für Aktien. Dazu hat er bereits in der Vergangenheit verschiedene erfolgreiche Systeme ausgetüftelt und weiterentwickelt.

BENJAMIN GRAHAM

INTELLIGENT
INVESTIEREN

Der Bestseller über die richtige Anlagestrategie

Benjamin Graham

Intelligent
Investieren

700 Seiten, Hardcover
Preis € 39,90 (D); € 41,10 (A); SFr 69,40
ISBN 3-89879-064-9

Benjamin Grahams Bestseller ist ein großartiger Ratgeber zum Thema »Investieren« und der Klassiker zum Thema »Value Investing«. Grund hierfür ist seine zeitlose Philosophie der Anlage in Wachstumswerte, also in gesunde und profitable Unternehmen. Dies hilft dem Anleger, langfristige Erfolgsstrategien zu entwickeln, mit denen man wirklich Gewinne macht.

Robert G. Hagstrom

Investieren mit Warren Buffett

232 Seiten, Hardcover
Preis € 34,90 (D); € 35,90 (A); SFr. 61,00
ISBN 3-932114-35-3

Eins ist sicher: Niemand verdient sich an der Börse ein Milliardenvermögen, wenn er nicht genau weiß, was er tut. Warren Buffett ist einer der reichsten Anleger der Welt und genießt heute schon Legendenstatus unter den Anlegern. Doch wie ist es ihm gelungen über Jahre hinweg so erfolgreich anzulegen? Robert Hagstrom hat sich intensiv mit dem Phänomen Warren Buffett beschäftigt. Jetzt legt er Ihnen seine Ergebnisse in einem hochinformativen und glänzend geschriebenen Buch vor. Ausführlich erfahren Sie sämtliche Prinzipien des einzigartigen Investmentansatzes von Warren Buffett. Im Zentrum steht die unglaublich erfolgreiche Fokus-Strategie, mit der sich die meisten Aktien-Treffer erzielen lassen. Finden Sie am besten gleich selbst heraus, was den erfolgreichsten Anleger der Welt auszeichnet!

Schwager, Jack D.

Magier
der Märkte

510 Seiten, Hardcover
Preis € 54,90 (D); € 56,50 (A); SFr. 93,00
ISBN 3-89879-081-9

Jack D. Schwager ist einer der ganz Großen in der internationalen Finanzszene, seine „Magier der Märkte"-Buchreihe gehört weltweit seit Jahren zu den Standardwerken. In Interviews mit den Top-Tradern unserer Zeit zeigt Schwager auf, was diese Menschen so unglaublich erfolgreich macht. Sie alle verwenden zwar unterschiedliche Methoden, aber sie haben nicht nur scheinbar einen Vorteil gegenüber den Mitstreitern. Wie machen sie das? Was ist es, das sie von anderen unterscheidet? Was kann der durchschnittliche Investor daraus lernen? In diesem einmaligen Werk legen sie ihre finanziellen Strategien offen, die sie zu ihrem Erfolg katapultiert haben, aber auch Niederlagen und Verluste werden eingestanden. Ein Muss für jeden Börsianer!

Schwager, Jack D.

Stock Market Wizards

394 Seiten, Hardcover
Preis € 39,90 (D); € 41,10 (A); SFr 66,70
ISBN 3-89879-019-3

Die richtig erfolgreichen und berühmten Trader verdienen Millionen von Euro, manchmal in nur wenigen Tagen. Jack Schwager, in Deutschland bekannt durch seine renommierten Publikationen über die Terminmärkte, lüftet in feinfühligen Interviews mit 15 Stars der amerikanischen Trader- und Investorenszene die Geheimnisse ihres Erfolges. Dem praxisorientierten US-Trader gelingt es nicht nur, ein Lebensgefühl dieser „lebenden Legenden" zu vermitteln.

Das Buch findet seinen echten Nutzwert in den Tipps und pragmatischen Trading-Methoden, die der erfahrene Analyst aus seinen Interviewpartnern herauskitzelt. Unschätzbaren Wert besitzt seine Zusammenfassung der Erkenntnisse aus den zahlreichen Gesprächen und seinen „65 Lektionen der Märkte".

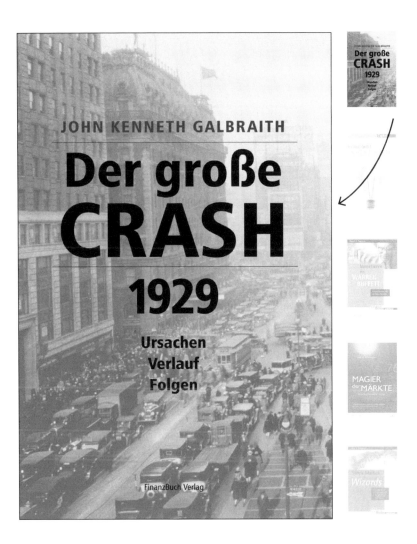

JOHN KENNETH GALBRAITH

Der große CRASH 1929

**Ursachen
Verlauf
Folgen**

FinanzBuch Verlag

Galbraith, John Kenneth

Der große Crash 1929

200 Seiten, Hardcover
Preis € 14,90 (D); € 15,40 (A); SFr. 26,80
ISBN 3-89879-054-1

24. Oktober 1929: Jeder kennt dieses Datum, jeder kennt die Mär vom „Schwarzen Freitag". Doch was damals genau geschehen ist und wie es zu diesem bisher einzigartigen Börsencrash kam, ist den wenigsten bekannt. In diesem Klassiker der Börsenliteratur erfährt man in allen Einzelheiten Vorgeschichte und Nachwirkungen und lernt, Parallelen zu ziehen. Denn das, was damals geschah, kann sich jederzeit wiederholen. In diesem außergewöhnlichen Werk vergleicht der Autor die zwei große Börsencrashs von 1929 und 1987, zeigt Parallelen und Konsequenzen sowie deren Nachwirkungen auf die Gegenwart auf und sensibilisiert den Leser, damit dieser gegebenenfalls rechtzeitig aussteigt und sein Depot vor den gewaltigen Verlusten schützt.